スピード！ハングル検定

金惠鎭 著

3級合格

白帝社

WEB上での音声無料ダウンロードサービスについて

■『スピード！ハングル検定3級合格』の音声は、第4刷より、下記サイトからダウンロードして聞きます。

https://www.hakuteisha.co.jp/audio/speed-3.html

・スマートフォンからアクセスする場合はQRコードを読み取ってください。

■本文中のCDマークの箇所が音声ファイル(MP3)提供箇所です。
■ファイルはZIP形式で圧縮された形でダウンロードされます。
■ファイルは「単語編」、「各模擬試験」ごとに選んでダウンロードすることが出来ます。

※パソコンやスマートフォン(別途解凍アプリが必要)などにダウンロードしてご利用ください。
　ご使用機器、音声再生ソフトに関する技術的なご質問は、各メーカーにお問い合わせください。
　本テキストと音声は著作権法で保護されています。

※試験に関する情報については[ハングル能力検定協会]のホームページをご確認ください。

本書について

　受験者の多くは「どこを、どのように勉強すれば、「ハングル」能力検定試験3級に合格できるのか？」と不安を感じると思います。そのような受験者の気持ちにお応えしたいという思いを込めてこの本をつくりました。

　本書は、「ハングル」能力検定試験3級を受ける人や、これまでに勉強したことを再確認しながら3級受験の準備をする人を対象に、分かりやすく・覚えやすく書いた「ハングル」能力検定試験3級合格のための対策本です。

　この本には出題基準に準拠して出題範囲を「発音」、「単語」、「表現」、「文法」、「活用」、「助詞」、「長文読解」の項目に分類し解説してあります。

　これから3級合格を目指して学習される方が、一人で無理なく勉強できるよう、合格に必要な内容を理解しやすく書きましたので、この一冊でしっかり学習すれば3級の試験対策が十分にできると思います。

　巻末には実際の試験とほぼ同じ形式で、筆記・聞取の予想問題も3回分収録していますので、本試験の出題問題や傾向に慣れることができます。

　本書の特長と利用方法は以下のとおりです。

■「ハングル」能力検定試験3級の出題範囲を「発音編」、「単語編」、「表現編」、「文法編」、「活用編」、「助詞編」、「長文読解編」、「模擬試験」に分類し解説しました。
■ 音声ファイル（通学・通勤時に覚えられるよう単語を収録）
■ 全体的に、見やすく覚えやすいように整理しています。
■ 発音規則と文法の解説は一目ですぐ分かるように構成しました。
■「活用編」では動詞・形容詞を活用のパターンごとに例文を収録しました。
■ 分析したデータを基に作成した模擬試験3回分を収録しました。
　（音声ファイルに聞取3回分収録）
■ この本1冊で筆記 / 聞取の試験対策ができます。

　皆様、この本と一緒にハングル能力検定試験3級にチャレンジしてみましょう！

著者

目　次

Speed 1　発音編
- 01　ㄴ添加①　……………………………………………………　2
- 02　ㄴ添加②　……………………………………………………　4
- 03　ㄹ添加　………………………………………………………　7
- 04　鼻音化①　……………………………………………………　8
- 05　鼻音化②　……………………………………………………　10
- 06　鼻音化③　……………………………………………………　10
- 07　鼻音化④　……………………………………………………　12
- 08　鼻音化⑤　……………………………………………………　13
- 09　鼻音化⑥　……………………………………………………　14
- 10　流音化①　……………………………………………………　15
- 11　流音化②　……………………………………………………　16
- 12　濃音化①　……………………………………………………　17
- 13　濃音化②　……………………………………………………　20
- 14　濃音化③　……………………………………………………　22
- 15　激音化①　……………………………………………………　25
- 16　激音化②　……………………………………………………　26
- 17　口蓋音化　……………………………………………………　29
- 18　パッチム二つの発音　………………………………………　30
- 　　注意する発音①　……………………………………………　35
- 　　注意する発音②　……………………………………………　36

Speed 2　単語編
- 名詞／副詞／他　…………………………………………………　40
- 形容詞／動詞／他　………………………………………………　69

Speed 3　表現編　……………………………………………………　83

Speed 4　文法編
- 01　ㅎパッチムの不規則　…………………………………………　92

02	러の不規則	93
03	ㄷパッチムの不規則	94
04	ㅅパッチムの不規則	94
05	ㅂパッチムの不規則	95
06	르の不規則	96
07	으の不規則	97
08	ㄹパッチムの不規則	98
09	不規則動詞・形容詞の連体形	99

Speed 5　活用編

01	活用編①	102
02	活用編②	112
03	活用編③	118
04	活用編④	124
05	活用編⑤	127
06	活用編⑥	130
07	活用編⑦	132
08	活用編⑧	136

Speed 6　助詞編

| 01 | 助詞編① | 144 |
| 02 | 助詞編② | 147 |

Speed 7　長文読解編

01	長文読解①	152
02	長文読解②	153
03	長文読解③	154
04	長文読解④	155
05	長文読解⑤	156

付録　模擬試験（3回分）

Speed 1

発音編

01 ㄴ 添加①

＊合成語の場合に添加して発音されます。

ㄴパッチムの後に 이, 야, 여, 요, 유 がくる場合

⇩ ㄴの発音は　　　　　　⇩ 이, 야, 여, 요, 유の発音はㄴ添加し、

ㄴのまま　　　　　니, 냐, 녀, 뇨, 뉴 と発音されます

例

　　　　　　　　　　　　　　ㄴが入る　　　　［実際の発音］

　　눈약 (目薬)　　⇨　눈 약　　⇨　［눈냑］

　　　　　　　　　　　　　　ㄴが入る

　　큰일 (重大なこと) ⇨　큰 일　　⇨　［큰닐］

　　　　　　　　　　　　　　ㄴが入る

　　집안일 (家事)　　⇨　집안 일　⇨　［지반닐］

　　　　　　　　　　　　　　　ㄴが入る

　　서른여덟 (38)　　⇨　서른 여덟　⇨　［서른녀덜］

練習問題

✎ 実際の発音を韓国語で書いてください。

	日本語	韓国語	実際の発音
1	質問用	질문용	
2	36	서른여섯	
3	何曜日ですか	무슨 요일입니까?	
4	シンチョン駅	신촌역	
5	行ったことがある	간 일이 있다	
6	成したこと	이룬 일	

解答 …… 実際の発音

1. 질문뇽
2. 서른녀섣
3. 무슨뇨이림니까
4. 신촌녁
5. 간니리읻따
6. 이룬닐

02 ㄴ 添加②

*合成語の場合に添加して発音されます。

パッチムの後に　　**이, 야, 여, 요, 유**　がくる場合

⇩ パッチムの発音は　　　　⇩ 이, 야, 여, 요, 유の発音はㄴ添加し、

鼻音化　　**니, 냐, 녀, 뇨, 뉴**　と発音されます

例　　　　　　　　　　ㄴが入る　　　　　　　　　［実際の発音］

부엌일　⇨　부엌 일　⇨　부억 닐　⇨　[부엉닐]
(台所仕事)　　　　　　　　　　　(鼻音化)

　　　　　　　　　ㄴが入る

꽃잎　⇨　꽃 잎　⇨　꼳 닙　⇨　[꼰닙]
(花びら)　　　　　　　　(鼻音化)

　　　　　　　　　　ㄴが入る

이십육 (26) ⇨ 이십 육 ⇨ 이십 뉵 ⇨ [이심뉵]
　　　　　　　　　　　　　(鼻音化)

　　　　　　　　ㄴが入る

못 열었다 ⇨ 못 열었다 ⇨ 몯 녈었다 ⇨ [몬녀런따]
(開けられなかった)　　　　　　　(鼻/連/濃音化)

　　　　　　　　ㄴが入る

못 읽어요 ⇨ 못 읽어요 ⇨ 몯 닑어요 ⇨ [몬닐거요]
(読めません)　　　　　　　　(鼻/連音化)

　　　　　　　　　ㄴが入る

못 일으켰다 ⇨ 못 일으켰다 ⇨ 몯 닐으켰다 ⇨ [몬니르켣따]
(起こせなかった)　　　　　　　　　(鼻/連/濃音化)

練習問題

✎ 実際の発音を韓国語で書いてください。

	日本語	韓国語	実際の発音
1	木の葉	나뭇잎	
2	色鉛筆	색연필	
3	先のこと	앞일	
4	起きられなかったけれど	못 일어났지만	
5	引けません/導けません	못 이끌어요	
6	忘れられません	못 잊어요	
7	読めなかった	못 읽었다	
8	習えなかったけれど	못 익혔지만	
9	申し上げられなかった	못 여쭈었다	
10	思えない	못 여기다	
11	立ち上がれなかったけれど	못 일어섰지만	
12	勝てなかった	못 이겼다	
13	成せなかったけれど	못 이루었는데	
14	106	백육	
15	96	구십육	

解答 ···· 実際の発音

1. 나문닙
2. 생년필
3. 암닐
4. 몬니러낟찌만
5. 몬니끄러요
6. 몬니저요
7. 몬닐걷따
8. 몬니켣찌만
9. 몬녀쭈얻따
10. 몬녀기다
11. 몬니러섣찌만
12. 몬니겯따
13. 몬니루언는데
14. 뱅뇩
15. 구심뇩

03 ㄹ 添加

＊合成語の場合に添加して発音されます。

ㄹ パッチムの後に 이, 야, 여, 요, 유 がくる場合

⇩ ㄹ の発音は　　　　　　　⇩ 이, 야, 여, 요, 유の発音はㄹ添加し、

ㄹ のまま　　리, 랴, 려, 료, 류 と発音されます

例

　　　　　　　　　　　　　　　ㄹが入る　　　［実際の発音］

　볼일（用事）　　⇨　볼 일　⇨　［볼릴］

　　　　　　　　　　　　　　ㄹが入る
　스물여섯 (26)　⇨　스물 여섯　⇨　［스물려섣］

　　　　　　　　　　　　　　ㄹが入る
　알약（錠剤）　　⇨　알 약　⇨　［알략］

　　　　　　　　　　　　　　ㄹが入る
　물약（水薬）　　⇨　물 약　⇨　［물략］

04 鼻音化①

ㅁ，ㅇ パッチムの後にくる ㄹ の発音は
⇩
[ㄴ]（鼻音）と発音されます

例　　　　　　　　　　　　　　　　　　［実際の発音］

심리 (心理)　⇨　심리　⇨　[심니]
　　　　　　　　（鼻音化）

정리 (整理)　⇨　정리　⇨　[정니]
　　　　　　　　（鼻音化）

동료 (同僚)　⇨　동료　⇨　[동뇨]
　　　　　　　　（鼻音化）

등록 (登録)＊準2級　⇨　등록　⇨　[등녹]
　　　　　　　　　　　（鼻音化）

練習問題

✎ 実際の発音を韓国語で書いてください。

	日本語	韓国語	実際の発音
1	停留場(停留所)	정류장	
2	能率	능률 *準2級	
3	陰暦、旧暦	음력 *準2級	
4	種類	종류	
5	省略	생략 *準2級	
6	重力	중력 *準2級	

解答・・・・実際の発音

1. 정뉴장
2. 능뉼
3. 음녁
4. 종뉴
5. 생냑
6. 중녁

05 鼻音化②

ㄱ パッチムの後に　　ㄹ がくる場合
　⇩ ㄱの発音は　　　　⇩ ㄹの発音は
[ㅇ](鼻音)に　　　　[ㄴ](鼻音)と発音されます

例　　　　　　　　　　　　　　　　　[実際の発音]

　　독립 (独立)　　⇨　독립　　⇨　[동닙]
　　　　　　　　　　　　(鼻音化)

　　국립 (国立) *準2級　⇨　국립　　⇨　[궁닙]
　　　　　　　　　　　　(鼻音化)

06 鼻音化③

ㅂ パッチムの後に　　ㄹ がくる場合
　⇩ ㅂの発音は　　　　⇩ ㄹの発音は
[ㅁ](鼻音)に　　　　[ㄴ](鼻音)と発音されます

例　　　　　　　　　　　　　　　　　[実際の発音]

　　법률 (法律)　　⇨　법률　　⇨　[범뉼]
　　　　　　　　　　　　(鼻音化)

　　입력 (入力)　　⇨　입력　　⇨　[임녁]
　　　　　　　　　　　　(鼻音化)

練習問題

✐ 実際の発音を韓国語で書いてください。

	日本語	韓国語	実際の発音
1	食料品	식료품 *準2級	
2	独立します	독립할게요	
3	百里	백리	
4	合理的	합리적 *準2級	
5	法律家	법률가	
6	食糧	식량 *準2級	
7	協力したけれど	협력했는데 *準2級	

解答 実際の発音

1. 싱뇨품
2. 동니팔께요
3. 뱅니
4. 함니적
5. 범뉼가
6. 싱냥
7. 혐녀캔는데

発音編 11

07 鼻音化④

[ㄱ] と発音されるパッチムの後に ㄴ or ㅁ がくる場合
　⇩ パッチムの発音は
[ㅇ](鼻音)と発音されます

参考　ㄱ として発音 → ㄱ,ㄲ,ㄺ,ㅋ パッチム

例　　　　　　　　　　　　　　　　　[実際の発音]

　　국물(汁)　　　　　　　⇨　　　[궁물]

　　재작년(一昨年)　　　　⇨　　　[재장년]

　　음식물(飲食物)　　　　⇨　　　[음싱물]

　　식물(植物)　　　　　　⇨　　　[싱물]

　　국내(国内)　　　　　　⇨　　　[궁내]

　　박물관(博物館)　　　　⇨　　　[방물관]

　　작문(作文)　　　　　　⇨　　　[장문]

　　막내(末っ子)　　　　　⇨　　　[망내]

　　국민(国民)　　　　　　⇨　　　[궁민]

08 鼻音化⑤

[ㄷ]と発音されるパッチムの後に ㄴ or ㅁ がくる場合
⇩ パッチムの発音は
[ㄴ]（鼻音）と発音されます

参考 ㄷ として発音 → ㄷ, ㅌ, ㅅ, ㅆ, ㅈ, ㅎ パッチム

例　　　　　　　　　　　　　　　［実際の発音］

혼잣말(独り言)　　　　⇨　　［혼잔말］

첫날(初日)　　　　　　⇨　　［천날］

끝내(ついに)　　　　　⇨　　［끈내］

끝내주다(終えてあげる)　⇨　　［끈내주다］

09 鼻音化⑥

[ㅂ] と発音されるパッチムの後に ㄴ or ㅁ がくる場合
　⇩　パッチムの発音は
[ㅁ]（鼻音）と発音されます

参考　ㅂ として発音 → ㅂ, ㅍ, ㅄ パッチム

例　　　　　　　　　　　　　　　　　　［実際の発音］

　밥맛 (ごはんの味/食欲)　　⇨　　　［밤맏］

　업무 (業務)　　　　　　　⇨　　　［엄무］

10 流音化①

ㄴ　パッチム の後に　ㄹ　がくる場合

⇩ ㄴの発音は

[ㄹ]（流音）と発音されます

例　　　　　　　　　　　　　　　　　　[実際の発音]

한류(韓流)　　　　　⇨　[할류]

원래(元来)　　　　　⇨　[월래]

관련(関連)　　　　　⇨　[괄련]

편리했지만(便利だったけれど)　⇨　[펼리핻찌만]

논리(論理)　　　　　⇨　[놀리]

관리(管理)　　　　　⇨　[괄리]

권리(権利)　　　　　⇨　[궐리]

인류(人類)　　　　　⇨　[일류]

진리(真理)　　　　　⇨　[질리]

훈련(訓練)　　　　　⇨　[훌련]

11 流音化②

ㄹ　パッチム の後に　ㄴ　がくる場合

　　　　　　　　⇩ ㄴの発音は

[ㄹ]（流音）と発音されます

例　　　　　　　　　　　　　　　　　　［実際の発音］

　오늘날 (今日(こんにち))　　⇨　　　［오늘랄］

　잘나다 (優れている)　　　⇨　　　［잘라다］

12 濃音化① (漢字語の場合)

[ㄹ]と発音されるパッチムの後にくる ㄷ, ㅅ, ㅈ は

　　　　　　　　　　　　　　　　　🖉 ㄷ,ㅅ,ㅈの発音は

[ㄸ, ㅆ, ㅉ] (濃音)と発音されます

参考 ㄹ として発音 → ㄹ, ㄺ, ㅀ パッチム

例　　　　　　　　　　　　　　　　　　　　[実際の発音]

　　활동 (活動)　　　　⇨　활동　　⇨　[활똥]
　　　　　　　　　　　　　　(濃音化)

　　결정 (決定)　　　　⇨　결정　　⇨　[결쩡]
　　　　　　　　　　　　　　(濃音化)

　　실시 (実施)　　　　⇨　실시　　⇨　[실씨]
　　　　　　　　　　　　　　(濃音化)

　　일정 (日程)　　　　⇨　일정　　⇨　[일쩡]
　　　　　　　　　　　　　　(濃音化)

　　솔직하다 (率直(正直)だ)　⇨　솔직하다　⇨　[솔찌카다]
　　　　　　　　　　　　　　　　(濃音化)

練習問題

✎ 実際の発音を韓国語で書いてください。

	日本語	韓国語	実際の発音
1	発達したけれど	발달했는데	
2	秩序	질서	
3	一種	일종	
4	出身	출신	
5	欠席した	결석했다	
6	一旦	일단	
7	徹底	철저	
8	一生	일생	
9	率直(正直)だった	솔직했다	
10	発展したけれど	발전했지만	
11	発生	발생	
12	物質	물질	
13	決定します	결정할게요	
14	実施しました	실시했어요	
15	欠席しました	결석했어요	

解答 …… 実際の発音

1. 발따랜는데
2. 질써
3. 일쫑
4. 출씬
5. 결써캔따
6. 일딴
7. 철쩌
8. 일쌩
9. 솔찌캔따
10. 발쩌낻찌만
11. 발쌩
12. 물찔
13. 결쩡할께요
14. 실씨해써요
15. 결써캐써요

13 濃音化②

[ㄴ, ㅁ] と発音されるパッチムの後にくる ㄱ, ㄷ, ㅂ, ㅅ, ㅈ は

　　　　　　　　　　　⬇ ㄱ, ㄷ, ㅂ, ㅅ, ㅈ の発音は

[ㄲ, ㄸ, ㅃ, ㅆ, ㅉ] (濃音)と発音されます

参考　ㄴ として発音 → ㄴ, ㄵ, ㄶ パッチム

　　　　ㅁ として発音 → ㅁ, ㄻ パッチム

例　　　　　　　　　　　　　　　　　[実際の発音]

　　심다 (植える)　　⇨　심̮다　　⇨　[심따]
　　　　　　　　　　　　　(濃音化)

　　안다 (抱く)　　　⇨　안̮다　　⇨　[안따]
　　　　　　　　　　　　　(濃音化)

　　닮지 않고　　　　⇨　닮̮지 않고　⇨　[담찌안코]
　　(似ていなくて)　　　　(濃音化)

　　옮다 (移る)　　　⇨　옮̮다　　⇨　[옴따]
　　　　　　　　　　　　　(濃音化)

注意　옮기다 (移す)　　　　→ [옴기다]

　　　　옮겼는데 (移したけれど) → [옴견는데]

練習問題

✎ 実際の発音を韓国語で書いてください。

	日本語	韓国語	実際の発音
1	移る	옮다	
2	似る	닮다	
3	我慢する	참다	
4	植えないで	심지 않고	
5	移りません	옮지 않아요	
6	隠れる	숨다	

解答 …… 実際の発音

1. 옴따
2. 담따
3. 참따
4. 심찌안코
5. 옴찌아나요
6. 숨따

14 濃音化③（その他）

눈빛 (眼光/目つき)　［눈삗］

햇빛 (日差し)　［핻삗］

불빛 (明かり)　［불삗］

밤중 (夜中)　［밤쭝］

눈길 (視線)　［눈낄］

눈사람 (雪だるま)　［눈싸람］

길거리 (路上)　［길꺼리］

손바닥 (手のひら)　［손빠닥］

발바닥 (足裏)　［발빠닥］

그럴듯하다 (もっともらしい)　［그럴뜨타다］

손짓하다 (手振り/手招き)　［손찌타다］

전번주 (先週)　［전번쭈］

오랫동안 (長い間)　［오랟똥안］

용돈 (小遣い)　［용똔］

말소리(話し声)　［말쏘리］

말버릇(口癖)　［말뻐른］

학생증(学生証)　［학쌩쯩］

영수증(領収証)　［영수쯩］

가능성(可能性)　［가능썽］

문제점(問題点)　［문제쩜］

맞춤법(正書法)　［맏춤뻡］

출근길(出勤途中)　［출근낄］

궁금증(気がかり)　［궁금쯩］

술집(飲み屋)　［술찝］

술자리(酒の席)　［술짜리］

열쇠(鍵)　［열쐬］

걸상(椅子)　［걸쌍］

김밥(海苔巻き)　［김빱］

문자(文字)　［문짜］

문법(文法)　［문뻡］

인기(人気)　［인끼］

사건(事件)　　[사껀]

효과(效果)　　[효꽈]

평가(評價)　　[평까]

성격(性格)　　[성껵]

15 激音化①

ㄱ, ㅂ, ㅅ, ㅈ パッチムの後に ㅎ がくる場合
⇩
[ㅋ, ㅍ, ㅌ, ㅊ]（激音）として連音化されます

例　　　　　　　　　　　　　　　　［実際の発音］

특히(特に)　　　　　　　⇨　[트키]

익히다(煮る/身につける/習う)　⇨　[이키다]

못해요(できません)　　　⇨　[모태요]

깨끗하다(清潔だ)　　　　⇨　[깨끄타다]

그럴듯하다(もっともらしい)　⇨　[그럴뜨타다]

알아맞히다(言い当てる)　⇨　[아라마치다]

16 激音化②

ㅎパッチムの後に ㄱ, ㄷ, ㅈ がくる場合
⇩
[ㅋ, ㅌ, ㅊ] (激音)として連音化されます

例　　　　　　　　　　　　　　　　　　　[実際の発音]

쌓다(積む/築く)　　　　　　　⇨　[싸타]

그렇지(そうとも)　　　　　　　⇨　[그러치]

어떻게든(どうにかして)　　　　⇨　[어떠케든]

내놓다(外に出す/差し出す)　　⇨　[내노타]

이렇듯(このように)　　　　　　⇨　[이러튿]

까맣다(黒い/(時間, 距離が)遠い)　⇨　[까마타]

練習問題

✎ 実際の発音を韓国語で書いてください。

	日本語	韓国語	実際の発音
1	赤い	빨갛다	
2	塞がったけれど	막혔지만	
3	率直(正直)でした	솔직했어요	
4	できませんでした	못했어요	
5	ぶつかった	부딪혔다	
6	ともかく	어떻든지	
7	はっきりしていた	뚜렷했다	
8	正確だったけれど	정확했는데	
9	深刻に	심각히	
10	もっともらしかったです	그럴듯했습니다	
11	正直に	솔직히	
12	冷ましたけれど	식혔는데	
13	言い当てます	알아맞힐게요	
14	優しかった	착했다	
15	清潔な	깨끗한	
16	もっともらしかったけれど	그럴듯했지만	
17	忘れられる	잊혀지다	
18	できなかった	못했다	

解答 ···· 実際の発音

1. 빨가타
2. 마켵찌만
3. 솔찌캐써요
4. 모태써요
5. 부디쳔따
6. 어떠튼지
7. 뚜려탣따
8. 정화캔는데
9. 심가키
10. 그럴뜨탣씀니다
11. 솔찌키
12. 시켠는데
13. 아라마칠께요
14. 차캔따
15. 깨끄탄
16. 그럴뜨탣찌만
17. 이쳐지다
18. 모탣따

17 口蓋音化

ㄷ, ㅌ パッチムの後に 이 がくる場合

⇩ ㄷ,ㅌパッチムは

[ㅈ , ㅊ] として連音化されます

例　　　　　　　　　　　　　　　　　　[実際の発音]

맏이(長子)　　⇨　맏이　⇨　[마지]
　　　　　　　　　　ㅈで移動

같이(一緒に)　⇨　같이　⇨　[가치]
　　　　　　　　　　ㅊで移動

바깥이(外が)　⇨　바깥이　⇨　[바까치]
　　　　　　　　　　ㅊで移動

손끝이(手先が)　⇨　손끝이　⇨　[손끄치]
　　　　　　　　　　ㅊで移動

밭이(畑が)　　⇨　밭이　⇨　[바치]
　　　　　　　　　　ㅊで移動

18 パッチム二つの発音

	発音		パッチム例
①	ㄱ (k)	⇒	ㄺ ㄲ ㅋ ㄱ
②	ㄴ (n)	⇒	ㄶ ㄵ ㄴ
③	ㄷ (t)	⇒	ㅆ ㄷ ㅌ ㅅ ㅈ ㅊ ㅎ
④	ㄹ (l)	⇒	ㄾ ㅀ ㄹ
⑤	ㅁ (m)	⇒	ㄻ ㅁ
⑥	ㅂ (p)	⇒	ㅄ ㅍ ㅂ
⑦	ㅇ (ng)	⇒	ㅇ

例　　　　　　　　　　　　　　　　　　　[実際の発音]

맑다(晴れている/澄んでいる) ⇒ [막따] 濃音化

붉다(赤い) ⇒ [북따] 濃音化

없다(ない/いない) ⇒ [업따] 濃音化

여덟(8つ) ⇒ [여덜]

옮기다(移す) ⇒ [옴기다]

뚫다((穴を)開ける) ⇒ [뚤타] 激音化

끓다(沸く)	⇨	[끌타] 激音化
앓다(患う/苦しむ)	⇨	[알타] 激音化
끓이다(沸かす)	⇨	[끄리다] 連音化
밟아요(踏みます)	⇨	[발바요] 連音化
없이(〜なく)	⇨	[업씨] 濃音化
없애다(無くす)	⇨	[업쌔다] 濃音化
틀림없이(間違いなく)	⇨	[틀리멉씨] 連/濃音化
한없이(限りなく)	⇨	[하넙씨] 連/濃音化
얇다(薄い)	⇨	[얄따] 濃音化

🔊 **注意**　밟다 (踏む) は子音の前では [밥〜] と発音されます。

밟다 (踏む)　　⇨　　[밥따] 濃音化
밟고　　　　　⇨　　[밥꼬] 濃音化
밟게　　　　　⇨　　[밥께] 濃音化
밟는　　⇨　밥는　⇨　[밤는] 鼻音化

🔊 **注意**　ㄹㄱ パッチムの後に ㄱ がくると
　　　　⇩ ㄹㄱ の発音は
　　　[ㄹ] と発音されます

例　　　　　　　　　　　　　[実際の発音]

굵고 (太くて)　　　　　　⇨　[굴꼬] 濃音化
맑게 (きれいに(澄んでいて))　⇨　[말께] 濃音化
굵거나 (太かったり)　　　⇨　[굴꺼나] 濃音化
굵게 (太く)　　　　　　　⇨　[굴께] 濃音化

練習問題

✎ 実際の発音を韓国語で書いてください。

	日本語	韓国語	実際の発音
1	晴れています	맑아요	
2	太いです	굵어요	
3	古かったです	낡았어요	
4	晴れていたけれど	맑았는데	
5	赤かったです	붉었어요	
6	古くて	낡고	
7	太かったけれど	굵었는데	
8	踏みました	밟았습니다	
9	老いて	늙고	
10	古かったけれど	낡았지만	
11	違いなく	다름없이	
12	無くしたけれど	없앴는데	
13	変わりなく	변함없이	

解答 実際の発音

1. 말가요
2. 굴거요
3. 날가써요
4. 말간는데
5. 불거써요
6. 날꼬
7. 굴건는데
8. 발받씀니다
9. 늘꼬
10. 날갇찌만
11. 다르멉씨
12. 업쌘는데
13. 벼나멉씨

注意する発音①

例 　　　　　　　　　　　　　　　　　　　　　　［実際の発音］

몇 월 (何月) ⇨ 몇 월 ⇨ ［며둴］
　　　　　　　　　ㄷで移動

밤낮없이 (いつも) ⇨ 밤낮 없이 ⇨ ［밤나덥씨］
　　　　　　　　　　　ㄷで移動

맛없다 (まずい) ⇨ 맛 없다 ⇨ ［마덥따］
　　　　　　　　　ㄷで移動

첫인상 (初印象) ⇨ 첫 인상 ⇨ ［처딘상］
　　　　　　　　　ㄷで移動

못 와요 (来られません) ⇨ 못 와요 ⇨ ［모돠요］
　　　　　　　　　　　　ㄷで移動

밭 위에 (畑の上に) ⇨ 밭 위에 ⇨ ［바뒤에］
　　　　　　　　　　ㄷで移動

밭 아래 (畑の下) ⇨ 밭 아래 ⇨ ［바다래］
　　　　　　　　　　ㄷで移動

꽃 아래에 (花の下に) ⇨ 꽃 아래에 ⇨ ［꼬다래에］
　　　　　　　　　　　ㄷで移動

注意する発音②

못 の後に **아, 어, 오, 우, 위** がくる場合

⇩ ㅅパッチムは

ㄷ として連音化されます

例　　　　　　　　　　　　　　　　　　　［実際の発音］

못 올라오다　⇨　못 올라오다　⇨　[모돌라오다]
（上がって来られない）　ㄷで移動

못 올라갔어요　⇨　못 올라갔어요　⇨　[모돌라가써요]
（登れなかったです）　ㄷで移動

못 앉아요　⇨　못 앉아요　⇨　[모단자요]
（座れません）　ㄷで移動

못 오다　⇨　못 오다　⇨　[모도다]
（来られない）　ㄷで移動

練習問題

✎ 実際の発音を韓国語で書いてください。

	日本語	韓国語	実際の発音
1	登れなかった	못 올라갔다	
2	知らせられなかったけれど	못 알렸지만	
3	見分けられませんでした	못 알아냈어요	
4	移れません	못 옮겨요	
5	登れなかった	못 올랐다	
6	動けなかったけれど	못 움직였는데	
7	座れなかったです	못 앉았어요	
8	もらえなかったけれど	못 얻었지만	
9	来られません	못 옵니다	
10	笑えなかった	못 웃었다	
11	聞き取れない	못 알아듣다	
12	調べられません	못 알아봅니다	

解答 ···· 実際の発音

1. 모돌라갇따
2. 모달런찌만
3. 모다라내써요
4. 모돔겨요
5. 모돌란따
6. 모둠지견는데
7. 모단자써요
8. 모더던찌만
9. 모돔니다
10. 모두선따
11. 모다라듣따
12. 모다라봄니다

Speed 2

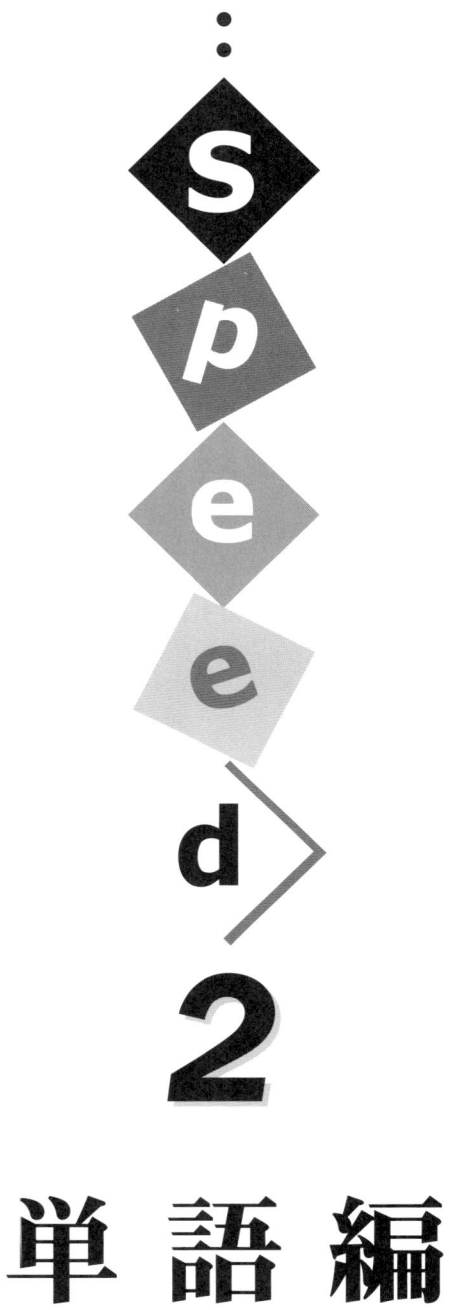

単語編

名詞 / 副詞 / 他

(関連表現も含む)

그래프(도표)	グラフ(図表)
원 그래프	円グラフ
막대 그래프	棒グラフ
선 그래프	線グラフ
꺾은선 그래프	折れ線グラフ
삼각형	三角形
사각형	四角形
네모	四角
길이	長さ/長く
높이	高さ/高く
깊이	深さ/深く
크기	大きさ
폭	幅
무게	重さ
무게를 재다・달다	重さを測る
양	量
면	面
면하다	面する
모	角
우리말	母国語
자음	子音
모음	母音
받침	パッチム(終声)
문자	文字/(携帯の)メール
평음・예삿소리	平音
격음・거센소리	激音
농음・된소리	濃音
본문	本文
예습	予習
복습	復習
받아쓰기	書き取り
맞춤법・철자법	正書法
문법	文法
명사	名詞
대명사	代名詞
동사	動詞
형용사	形容詞
조사	助詞
수사	数詞
감탄사	感嘆詞

부사	副詞	먼지	ほこり
관형사	冠形詞	쓰레기	ごみ
느낌표	感嘆符	쓰레기통	ごみ箱
어미	語尾	휴지	ちり紙
언어	言語	휴지통	ごみ箱
어학	語学	빨래	洗濯
빛	光	빨랫감	洗濯物
불빛	明かり	빨다	洗濯する
햇빛	日差し	세탁	洗濯
눈빛	眼光/目つき	세탁물	洗濯物
흰색	白色	세탁기	洗濯機
하얀색	白い色	세탁소	クリーニング店
노란색	黄色	노트북	ノートパソコン
빨간색	赤い色	피시	パソコン
녹색	緑色	피시방	インターネットカフェ
까만색	黒い色	홈페이지	ホームページ
냉장고	冷蔵庫	시디롬	CD-ROM
전기	電気	휴대전화・핸드폰	携帯電話
전기밥솥	電気炊飯器	양복	スーツ
청소	清掃(掃除)	비옷	レインコート
청소기	掃除機	잠옷	寝巻き

単語編

단추	ボタン
주머니	袋, ポケット
음식물	飲食物
진지	御食事
반찬	おかず
맑은국	澄まし汁, お吸い物
국물	汁
찌개	鍋料理(チゲ)
나물	ナムル
두부	豆腐
계란	たまご
날계란	生たまご
계란후라이	目玉焼き
달걀	鶏卵
떡볶이	トッポッキ
갈비탕	カルビタン
김밥	海苔巻き
볶음밥	焼き飯
초밥	寿司
회전초밥	回転寿司
날개살	手羽先
마늘	にんにく
양파	玉ねぎ
오이	きゅうり
오이김치	キュウリキムチ
낙지	たこ
껌	ガム
비스킷	ビスケット
푸딩	プリン
치즈	チーズ
케이크(케익)	ケーキ
간장	醤油
후추・후춧가루	こしょう
고춧가루	唐辛子粉
기름	油
기름지다	油っこい/(土が)肥えている状態
참기름	ゴマ油
얼음	氷
가루	粉
가루를 내다	粉にする
가루약	粉薬

알약	錠剤
컵	コップ
종이컵	紙コップ
병	瓶
술병	酒瓶
꽃병	花瓶
냄비	鍋
밥상	お膳
교육	教育
보육원	保育園
유치원	幼稚園
초등학교	小学校
전문	専門
전문가	専門家
전공	専攻
작문	作文
테스트	テスト
합격	合格
불합격	不合格
결석	欠席
성적	成績

글쓰기	書くこと
학습(서)	学習(書)
학비	学費
자료	資料
논문	論文
강좌	講座
책가방	学生カバン
샤프연필・샤프	シャープペンシル
사인	サイン
사인펜	サインペン
지우개	消しゴム
풀	のり
계산기	計算機
공책	ノート
봉투	封筒
교재	教材
시험지	試験用紙
방학	(学校の)長期休暇
방학하다	(学校の)長期休暇に入る
봄방학	春休み
여름방학	夏休み

겨울방학	冬休み
휴가	休暇
유급휴가	有給休暇
휴식	休息
올림픽	オリンピック
팀	チーム
그룹	グループ
체육(관)	体育(館)
운동장	運動場
경기(장)	競技(場)
배구	バレーボール
스키(장)	スキー(場)
스키를 타다	スキーをする
씨름	シルム(相撲)/真剣に取り組むこと
팔씨름	腕相撲
호랑이	虎/こわい人
꼬리	しっぽ
말	馬
원숭이	猿
토끼	うさぎ
나비	蝶

날개	羽
벌레	虫
알	卵/実/玉
오징어	いか
낙지	たこ
뱀	ヘビ
새끼	動物の子
우주	宇宙
지구	地球
공기	空気
태양	太陽
하늘	天, 空
밤하늘	夜空
땅	地
흙	土
환경	環境
자연	自然
바위	岩
파도	波
구멍	穴
구멍이 나다	穴が開く

구멍을 내다	穴を開ける	논	田んぼ
계절	季節	농사·농업	農業
사계절·사철	四季	농사를 짓다	農作業をする
철	季節/旬	논농사	水田農業
여름철	夏の季節	밭	畑
일기	天気	논밭	田畑
일기예보	天気予報	들·들판	野原
기온	気温	전후	前後
큰비	大雨	전기	前期
숲	森	후기	後期
식물	植物	전반	前半
소나무	松	후반	後半
가지	枝	전면	前面
나뭇가지	木の枝	그전	以前
가지를 치다	枝打ちをする	이래	以来
잎	葉	기간	期間
나뭇잎	木の葉	시기	時期
풀	草	시대	時代
뿌리	根	시절	時/時代
씨	種/血筋/もと	연간	年間
꽃씨	花の種	3년간	3年間

연대	年代	밤새	夜の間ずっと
세대	世代	밤중	夜中
신세대	新世代	오래	久しく
세기	世紀	오랜	久しい
세월	歳月	오래전	ずっと前
재작년	一昨年	오래간만・오랜만	久しぶり
내후년	再来年	오랫동안	長い間
첫날	初日	순간(적)	瞬間(的)
전날	前日/先日	한순간	一瞬
지난날	過去	한때	一時期
오늘날	今日(こんにち)	그동안	その間
당일	当日	한동안	しばらく
당시	当時	한참	しばらく/ずっと
미래	未来	작품	作品
요사이(요새)	最近	극	劇
요즈음(요즘)	最近	극장	劇場/映画館
항상	常に	연극	演劇
밤낮	昼夜/いつも	춤	踊り
밤낮으로	常に	추다	踊る, 舞う
날마다	毎日	춤(을) 추다	踊る
하루종일	一日中	무용	舞踊

역	役	각국	各国
역할	役割	각자	各自
막	幕	각종	各種
자막	字幕	각지	各地
무대	舞台	학급	学級
행사	行事	각급	各級
공연(장)	公演(場)	초급	初級
티켓・표	チケット	중급	中級
예매(권)	前売り(券)	고급	高級
가사	歌詞	한두개	1、2個
곡	曲	한둘	1つ、2つ
리듬	リズム	두어	2つくらい
마이크	マイク	두세개	2、3個
방송(국)	放送(局)	두셋	2つ、3つ
드라마	ドラマ	두서너개	2〜4個
연속드라마・연속극	連続ドラマ	두서넛	2つ〜4つ
연기	演技	서너개	3、4個
녹음	録音	서넛(서너)	3つ、4つ
프로	番組	네다섯(너댓)	4つ、5つ(の)
프로그램	プログラム	네다섯개(너댓개)	4、5個
각	それぞれの	대여섯	5つ、6つ(の)

대여섯개	5、6個
예닐곱	6つ、7つ
일여덟	7つ、8つ
나흘	4日(間)
닷새	5日(間)
엿새	6日(間)
법	法
법률	法律
법률가	法律家
법인	法人
법적	法的
재판	裁判
재판관	裁判官
재판소	裁判所
정류장	停留場(停留所)
찻간	車内
개인택시	個人タクシー
기관	機関
기관차	機関車
구급차	救急車
구급 의료	救急医療

교통	交通
교통비・차비	交通費
차표	乗車券
관광	観光
관광객	観光客
관광지	観光地
관광버스	観光バス
경치	景色
저금	貯金
예금	預金
임금	賃金
요금	料金
수입	収入
소득	所得
재산	財産
용돈	小遣い
현금	現金
거스름(돈)	おつり
비용	費用
공짜	無料
무료	無料

가격	価格
계산서	計算書
영수증	領収証
쇼핑・장보기	ショッピング
장사	商売
소비(자)	消費(者)
소비세	消費税
딱	きっぱりと
술을 딱 끊다	お酒をきっぱりとやめる
딱	ぽっかり(口を開けている様子)/ちょうど
딱	コツン
딱 부딪치다	コツンとぶつかる
전	全～
전체(적)	全体(的)
전부	全部
전면	全面
온	全～
온몸	全身
온갖	すべての
온통	すべて
테이블	テーブル

책걸상	机と椅子
걸상	椅子
침대	寝台(ベット)
피아노	ピアノ
상자・통	箱
화장	化粧
화장품	化粧品
수건・타월	タオル
열쇠	鍵
못	釘
입구	入口
출구	出口
출입	出入り
바깥	外
바깥출입	外出
출입구	出入口
출입문	出入り門
주택(지)	住宅(地)
단독주택	一戸建て
집안	家の中/身内
집안일	家事

마당	庭, 広場
지붕	屋根
기둥	柱/頼りになる人
기둥감	柱の材料/頼りとなる人
창	窓
창밖	窓の外
복도	廊下
마루	居間
마룻바닥	居間床
바닥	底/床
방바닥	部屋の床
땅바닥	地面
건너	向こう
건너편	向こう側
건넛방	向かいの部屋
다다미	畳
공간	空間
틈	隙間
이사	引っ越し
이사를 가다	引っ越す
이사를 오다	引っ越して来る
이삿집 센터	引っ越しセンター
중간	中間
중앙	中央
중심(지)	中心(地)
좌우	左右
반대	反対
반대편	反対側
가	端, 辺
강가	川辺
바닷가	海辺
가까이	近く
책방	本屋
미술관	美術館
박물관	博物館
백화점	百貨店
지하	地下
지하실	地下室
지하도	地下道(地下街)
음식점	飲食店
유원지・놀이동산	遊園地
여관	旅館

사무실	事務室	손바닥	手のひら
사무국	事務局	손목	手首
공장	工場	손톱	手の爪
작업장	作業場	오른손・바른손	右手
개인병원	個人病院	손짓	手振り/手招き
수술실	手術室	주먹	拳
수술대	手術台	주먹을 쥐다	拳を握る
약국・약방	薬局	주먹을 펴다	拳を広げる
카페	カフェ	발바닥	足裏
커피숍	コーヒーショップ	발목	足首
커피점	コーヒー店	발톱	足の爪
다방	喫茶店	뼈	骨
술집	飲み屋	갈비	カルビ/肋骨
선술집	一杯飲み屋	갈비뼈・늑골	肋骨
노래방	カラオケ	살	肉/肌
장소	場所	피	血
머리카락・머리칼	髪の毛	신경	神経
심장	心臓	신경을 쓰다	神経をつかう(気にする)
피부	皮膚(肌)	고개	首
피부색	肌色	턱	顎
식은땀	冷汗	눈꺼풀	まぶた

쌍꺼풀	二重まぶた	눈치	顔色/勘
눈가	目元	눈치를 보다	機嫌を窺う
입가	口元	눈치를 채다	気づく *2級
입술	唇	숨	息, 呼吸
이	歯	숨소리	呼吸音
혀	舌	숨을 쉬다	息をする
침	唾	숨이 차다	息が切れる
침을 뱉다	唾を吐く	한숨	ため息/一息
침을 삼키다	唾を飲み込む	한숨을 쉬다	ため息をつく
열	熱/怒り	한잠	熟睡/一眠り
열이 나다	熱が出る	한잠(을) 자다	一眠りする
표정	表情	큰소리	大声/大口
미소	微笑み	울음	泣くこと
미소를 띠우다	微笑みを浮かべる	웃음	笑い
인상	印象	울음소리	泣き声
인상을 쓰다	険しい顔をする	웃음소리	笑い声
모습	姿	혼잣말	独り言
뒷모습	後ろ姿	대화	対話
자세	姿勢	동작	動作
눈길	視線	행동	行動
눈길을 피하다	視線をそらす	행위	行為

활동	活動
누구・뉘	誰
어린애(어린아이)	こども
노인	老人
부부	夫婦
가정	家庭
가정주부	主婦
부인	婦人
집사람	家内
아기・애기	赤ちゃん
아기를 업다	赤ちゃんをおんぶする
아기가 서다	妊娠する
식구	家族
자식	こども
맏이	長子
큰딸	長女
큰아들	長男
작은딸・막내딸	末娘
작은아들・막내아들	末息子
막내	末っ子
막냇동생	末の弟(妹)

아드님	息子さん
누님	お姉さん(男性からみて)
형님	お兄さん(男性からみて)
누이	姉、妹(男性からみて)
누이동생	妹(男性からみて)
친척	親戚
사촌	いとこ
삼촌	おじ
이모	おば(母の姉妹)
이모부	おばの夫
고모	おば(父の姉妹)
고모부	おばの夫
조카	甥, 姪
손녀	孫娘
손자	孫息子
선배	先輩
후배	後輩
중학생	中学生
반	班(クラス)
반장	クラス長(学級長)
동무	友達

윗사람	目上の人	회장	会長
아랫사람	目下の人	강사	講師
아줌마	おばさん	회원	会員
소녀	少女	직원	職員
소년	少年	아나운서	アナウンサー
여인	女人(女性)	원장	院長
처녀	独身女性	위원	委員
청년	青年	박사	博士
애인	恋人	예술(가)	芸術(家)
그이	その方	작가	作家
경찰(관)	警察(官)	만화가	漫画家
공무원	公務員	만화	漫画
담임	担任	만화책	漫画本
교직원	教職員	문학가	文学家
교장	校長	문학	文学
동료	同僚	문학계	文学界
사원	社員	시인	詩人
평사원	平社員	시	詩
과장	課長	시집	詩集
부장	部長	연구자	研究者
차장	次長	연구원	研究員

연구	研究	인기스타	人気スター
연구소	研究所	인기배우	人気俳優
과학자	科学者	주인공	主人公
과학(적)	科学(的)	대중	大衆
학자	学者	대중성	大衆性
기자	記者	상대	相手
독자	読者	상대편・상대방	相手方
감독	監督	짝	ペアの片方/ペア
선수	選手	짝사랑	片想い
환자	患者	전국	全国
피해	被害	지역	地域
주인	主人	지구	地区
주민	住民	주변	周辺
시민	市民	주위	周囲
농민	農民	마을	村
동포	同胞	고장	地域
민족	民族	본고장	本場
여러분	皆様	동네	町, 町内
당신	あなた	이웃	隣, 近所
한류	韓流	이웃집	隣家
스타	スター	도로	道路

길거리	路上
앞길	前の道/道のり/将来
지름길	近道
골목	路地
골목길	小道
뒷길	裏道
최상	最上
최대	最大
최소	最小
최고	最高
최저	最低
최악	最悪
최초	最初
최종(적)	最終(的)
최후	最後, 最終
최근	最近
최신	最新
맨	一番, 最も
첫	初めての
첫째	一番目
첫마디・첫말	初めの一言
첫머리	書き出し
첫사랑	初恋
첫발	はじめの一歩
초기	初期
응	うん
음	えっと
에	ええ
어머나	あらまあ
아이고・아이구	まあ
저기	あのう
깜짝	びっくり
깜짝이야	びっくりした
그렇지(요)	そうとも
그럼(요)	もちろん
가끔씩・가끔가다가	偶に
때로・때때로	時々
대개	大概
대체(로)	大体
이리(로)	こちらへ
그리	そちらへ
그리하다	そのようにする

저리	あちらへ
이리저리	あちこち
이런저런	こんなあんな
마침내・드디어	遂に
끝끝내(끝내)	遂に
비로소	ようやく
잔뜩	非常に/いっぱい
되게・몹시	とても
퍽	非常に
꽤	随分
너무나	あまりにも
어찌나	あまりに
그리하여(서)・그래(서)	そうして
그래야	それでこそ
그러니	だから
그러므로	それ故
따라서	従って
그러면서	それなのに
그러다가	そのようにして, そうする間に
즉	即ち
말하자면	言わば

서서히・점점・점차	徐々に
조금씩	少しずつ
단지	単に, ただ
단	ただ, たった
단둘(이)	たった二人(で)
오직	ただ

가능성	可能性
가득	いっぱい
가스	ガス
가치	価値
감각	感覚
감동	感動
감정	感情
강조	強調
개발	開発
개인(적)	個人(的)
거짓	嘘
건강	健康
검사	検査
겁	恐れ

겁을 먹다・겁(이) 나다	臆する	관심	関心
결국	結局	광고(란)	広告(欄)
결론	結論	교통사고	交通事故
경영	経営	교통위반	交通違反
경쟁	競争	교회	教会
경향	傾向	구석(구석구석)	隅
고려	考慮	구체적	具体的
고민	悩み	국가	国家
고생	苦労	국내	国内
고장	故障	국민	国民
고장(이) 나다	故障する	국외	国外
고통	苦痛	국제	国際
공동	共同	군대	軍隊
공동체	共同体	권리	権利
공사	工事	규모	規模
공업	工業	대규모	大規模
과정	過程	규칙(적)	規則(的)
과제	課題	그늘	日陰
관계	関係	그림자	影
관련	関連	근거	根拠
관리	管理	근거하다	基づく

근본(적)	根本(的)	노동자	労働者
금	金(ゴールド)	노후	老後
기	気力, 元気	논리	論理
기념	記念	놀라움(놀람)	驚き
기능	機能	놀이	遊び
기본(적)	基本(的)	농촌	農村
기쁨	喜び	느낌	感じ
기사	記事	다리	橋
머릿기사	トップ記事	다양하다	多様だ
삼면기사	三面記事	다양성	多様性
기술	技術	단위	単位
기업(가)	企業(家)	단체	団体
대기업	大企業	대량	大量
기준	基準	대책	対策
기초	基礎	대통령	大統領
기초하다	基づく	대표(적)	代表(的)
까닭	原因	대표자	代表者
나머지	残り	대회	大会
낙관(적)	楽観(的)	덕	徳/恩恵
널리	広く	독립	独立
노동	労働	동기	動機

동시	同時	물질	物質
둘레	周り	미만	未満
등장	登場	미움	憎しみ
떼	群れ	믿음	信頼
마련	用意	밑줄	下線
만세	万歳	바께쓰	バケツ
만세를 부르다	万歳をする	바탕	基礎/素質
만족	満足	반면	反面
만족스럽다	満足だ	반응	反応
만족감	満足感	발견	発見
맞돈	現金	발달	発達
명령	命令	발생	発生
모임	集まり	방글방글	ニコニコ
목숨	命	방식	方式
목표	目標	밥맛	ごはんの味/食欲
무기	武器	배	倍
무리	無理	배경	背景
무시	無視	버릇	癖
무역	貿易	버릇(이) 있다	行儀が良い
물론	勿論	버릇(이) 없다	行儀が悪い
물음	問い	범위	範囲

변화	変化	불안감	不安感
보물	宝物	불편	不便/体調不良
보호	保護	비관(적)	悲観(的)
과보호	過保護	비교	比較
복	福	비교적	比較的
복되다	幸福だ	비밀	秘密
본보기	手本, 見本	비판	批判
본질	本質	빠짐없이	もれなく
볼일	用事	사건	事件
부끄러움(부끄럼)	恥じらい	사고	事故
부분	部分	사고가 나다	事故が起きる
부정	否定	사고를 내다	事故を起こす
부족	不足	사무	事務
분석	分析	사무원	事務員
분야	分野	사무직	事務職
분위기	雰囲気	사물	事物
불교	仏教	사정	事情, 都合
불가능	不可能	사업	事業
불만	不満	사용	使用
불만족	不満足	상상	想像
불안	不安	상처	傷

베인 상처	切り傷	무소식	連絡がないこと
상태	状態	속도	速度
상황	状況	쇠	鉄
새로	新たに	수	方法
생명	生命	수단	手段
서비스	サービス	수입	輸入
서양	西洋	수술	手術
선거	選挙	수정	修正
성	性/姓	수준	水準
성	怒り	수출	輸出
성이 나다	腹が立つ	순서	順序
성을 내다	怒る	순위	順位
성격	性格	술자리	酒の席
성공	成功	스스로	自ら/自然と
성별	性別	습관(화)	習慣(化)
성장	成長	시골	田舎
성질	性質	시설	施設
세계(적)	世界(的)	실시	実施
세상	世の中	실천	実践
소문	噂	실패	失敗
소식	消息, 便り	실험	実験

심리	心理	예보	予報
심부름	お使い	예산	予算
심부름센터	便利屋	옛	昔の
심부름하다	お使いに行く	옛말	古語
싸움(쌈)	喧嘩	옛이야기	昔話
아픔	痛み	왕	王
안심	安心	용기	勇気
안전	安全	우체통	郵便ポスト
안전히	安全に	우편	郵便
앞바다	近海	원인	原因
애	気苦労, 心配	위반	違反
어둠(어두움)	暗闇	위치	位置
어려움	困難	유지	維持
억	億	유행	流行
업무	業務	유행어	流行語
여유	余裕	의논	相談
연기	煙	의도	意図
연기	延期	의무	義務
연습	演習	의문	疑問
연애	恋愛	의식	意識
영역	領域	의식불명	意識不明

이걸로	これで	일생	一生
이내	以内	일정	一定
이념	理念	일종	一種
이대로	このまま/このように	일체	全て
이미지	イメージ	입후보	立候補
이어서	続いて/間もなく	자격	資格
이외	以外	자동	自動
이익	利益	자루	柄, 取っ手/〜本(単位)
인간(적)	人間(的)	자신	自分, 自身
인구	人口	자신	自信
인기	人気	자신감	自信感
인류	人類	자신을 가지다	自信を持つ
인물	人物/容姿	자유	自由
인민	人民	자유롭다・자유스럽다	自由だ
인생	人生	자원	資源
인정	人情	자체	自体
일기	日記	작용	作用
일반	一般	장면	場面
일반적	一般的	재료	材料
일반사람(일반인)	一般人	재미	面白み
일부	一部	저번에	この前

적극적	積極的	제시	提示
전자	電子	제외	除外
전쟁	戦争	제품	製品
전통(적)	伝統(的)	신제품	新製品
절	寺	조직	組織
정	情	조사(원)	調査(員)
정이 들다	情がうまれる	존재	存在
정이 떨어지다	愛想が尽きる	종교	宗教
정을 쏟다	情を注ぐ	종류	種類
정리	整理	종합	総合
정보(화)	情報(化)	죄	罪
정부	政府	주문	注文
정상	正常	주요	主要
정신	精神/意識	주장	主張
정신적	精神的	주제	主題
정신이 없다	慌ただしい	주의	主義
정신이 나가다	気が抜ける	죽음	死
정신을 잃다	気を失う	지배	支配
정신을 차리다	気がつく	지배자	支配者
정치	政治	지배인	支配人
제공	提供	지시	指示

직접(적)	直接(的)	통일	統一
진리	真理	통화	通話
진행	進行	특성	特性
질서	秩序	특징	特徴
질(적)	質(的)	틀	型/枠
집중	集中	파티	パーティー
지위	地位	판단	判断
지출	支出	판매	販売
직장	職場	패턴	パターン
참가	参加	평가	評価
책임(자)	責任(者)	평균	平均
처리	処理	포인트	ポイント
처지	立場/状態	포함	包含
출근	出勤	표현	表現
출퇴근	出退勤(通勤)	품절	品切れ
충격(적)	衝撃(的)	품절되다	品切れになる
충격을 받다	衝撃を受ける	프로(프로페셔널)	プロ
충전	充電	한계	限界
취소	取り消し	해결	解決
큰일	重大なこと	행복	幸福
태도	態度	현대(인)	現代(人)

현상	現象	괜히	空しく/無駄に
현실(적)	現実(的)	그다지	あまり(〜ない)
현재	現在	그리・별로	さほど(〜ない)
형식	形式	그만	それくらい
형태	形態	그만큼	それくらい
형편	状況, 事情	그저	ただ
효과(적)	効果(的)	그야말로	それこそ
화	怒り	꼭	固く
화가 나다	腹が立つ	나란히	並んで
화를 내다	怒る	다만	ただ単に
확인	確認	덕분(에)	おかげ(で)
회의	会議	덜	より少なく/まだ〜ない
후보	候補	도대체	一体
훈련	訓練	도저히	到底
흥미	興味	따로	別に, 他に
희망	希望	달리	別に, 他に
		딴	別の, 他の
가만	そっと	뜻대로	思いのままに
게다가・더구나	さらに	뜻밖에	意外に
결코	決して	마구	いいかげんに
과연	さすが	마음대로	勝手に

마치	まるで
마침	ちょうど, 偶々
막	むやみに
막	たった今
만약	もしも
멀리	遠く
문득・문득문득	ふと
미리	あらかじめ
비록	たとえ(〜であっても)
아무래도	どうしても
아무데도 없다	どこにもいない
아무런	どんな
아무리	どんなに
아무말	一言も
앞서	先に, 前に, 前もって
약간	若干
어느새	いつのまにか
어디까지나	あくまでも
어딘지・어딘가	なんとなく, どこか
어떻게나	どうにか
어떻게든	どうにかして
어떻든지	ともかく
어째(서)	どうして
어쨌든	とにかく
어쩌다가	偶然に/時々, 時偶
어쩐지	どういうわけか, どうやら
어쩌면・어쩜	ひょっとすると/どうして
어찌	どうして/あまりに
언제든지	いつでも
언젠가	いつか
얼른	すぐ, 素早く
얼마간	いくらか/当分の間
얼마든지	いくらでも
얼마만큼・얼마큼	どれくらい
여전히	相変わらず
오히려・차라리	むしろ
왜냐하면・왜냐면	なぜならば
왠지	なぜか
원래	元来, もともと
이따가	後ほど
이렇듯(이)	このように
이만	これくらい
이미	既に

이제야	今まさに, やっと
일단	一旦
일부러	わざと
자꾸만	何度も
제대로	まともに/思うように
제때(에)	予定時/頃合い
주로	主に
하루빨리・하루바삐	一日でも早く
하루하루	一日一日/日ごとに
한꺼번에	一度に
한없이	限りなく
함부로	むやみに
한편	一方/味方
혹은	あるいは
훨씬	ずっと

形容詞 / 動詞 / 他
(関連表現と副詞も含む)

맑다	晴れている, 澄んでいる
개이다(개다)	晴れる
얇다	薄い
굵다	太い
부드럽다	柔らかい
짙다	濃い
커다랗다	とても大きい
얕다	浅い
간단하다	簡単だ
간단히	簡単に
편리하다	便利だ
단순하다	単純だ
단순히	単純に
복잡하다・복잡스럽다	複雑だ
깨끗하다	清潔だ
깨끗이	清潔に
더럽다	汚い
더러움(더럼)	汚れ
뜨겁다	熱い
시원하다	涼しい/さっぱりしている
시원히	涼しく
시원스럽다	(言動が)はっきりしている
식다	冷める
식히다	冷ます

차갑다	冷たい	훌륭하다	素晴らしい
얼다	凍る	훌륭히	素晴らしく
녹다	溶ける	대단하다・굉장하다	すごい
싱겁다	(味が)薄い	대단히・굉장히	すごく
시다	すっぱい	그지없다	限りにない
아리다	ひりひりする	그지없이	限りなく
쓰다	苦い	엄청나다	とんでもない
쓴맛	苦み	급하다	急だ
섭섭하다	名残惜しい	급히	急に
섭섭히	名残惜しく	서두르다(서둘다)	急ぐ
안타깝다	残念だ	솔직하다	率直(正直)だ
안타까이	残念に	솔직히	率直(正直)に
심하다	ひどい	진실하다	真実だ
심각하다	深刻だ	진실로	本当に
심각히	深刻に	하얗다	白い
부지런하다	勤勉だ	노랗다	黄色い
부지런히	まめに	빨갛다・붉다・발갛다	赤い
조용하다	静かだ	까맣다	黒い/(時間, 距離が)遠い
조용히	静かに	푸르다	青い/はつらつとしている
말없이	黙って	답답하다	もどかしい
시끄럽다	騒がしい, うるさい	답답히	もどかしく

궁금하다	気掛かりだ	소중하다	大切だ	
궁금히	気掛かりに	소중히	大切に	
수많다	数多い	특별하다	特別だ	
수많이	数多く	특별히	特別に	
가득하다	いっぱいだ	특히	特に	
가득히	いっぱいに	친하다	親しい	
흔하다	ありふれている	친히	親しく	
흔히	よく	세다	強い	
풍부하다	豊富だ	힘차다	力強い	
풍부히	豊富に	힘껏	力一杯	
충분하다	十分だ	새롭다	新しい	
충분히	十分に	새로이	新しく	
상당하다	相当だ, かなりだ	낡다	古い	
상당히	かなり	자세하다	詳しい	
즐겁다	楽しい	자세히	詳しく	
즐기다	楽しむ	서투르다(서툴다)	下手だ	
무섭다	怖い	못하다	及ばない	
놀랍다	驚く	똑같다	全く同じだ	
놀라움(놀람)	驚き	똑같이	同じように	
부끄럽다	恥ずかしい	다름없다	違いがない	
부끄러이	恥ずかしく	다름없이	違いなく	

변함없다	変わりない	당연하다	当然だ
변함없이	変わりなく	당연히	当然に
적당하다	適している	어떻다・어떠하다	どのようだ
적절하다	適切だ	이렇다・이러하다	このようだ
적절히	適切に	이러다	こうする
정확하다	正確だ	그러하다	そうだ, そのようだ
정확히	正確に	저렇다	あのようだ
확실하다	確実だ	아무렇다	どうこうである
확실히	確実に	경험하다	経験する
분명하다	明白だ	겪다	経験する
분명히	明白に	원하다	願う
불분명하다	明白でない	빌다	祈る
뚜렷하다	はっきりしている	구하다	求める
뚜렷이	はっきり	사정하다	頼む
틀림없다	間違いない	깜빡	ぱちり/うっかり
틀림없이	間違いなく	깜빡거리다	ちらつく
틀림	間違い	깜빡하다	うっかり忘れる
완전하다	完全だ	잊혀지다	忘れられる
완전히	完全に	잊히다	忘れられる
철저하다	徹底している	지적하다(되다)	指摘する(される)
철저히	徹底して	가리키다	示す

선택하다(되다)	選択する(される)
뽑다	抜く/選ぶ
고르다	選ぶ
안내하다(되다)	案内する(される)
이끌다	引く/導く
해결하다(되다)	解決する(される)
고치다	直す
바로잡다	直す, 正す
풀리다	ほどける, ほぐれる/無くなる/解ける
가리다	遮る
감추다・숨기다	隠す
숨다	隠れる
갖추다	備える/揃える/整える
꾸미다	飾る/整える
차리다	備える/整える/装う
챙기다	揃える/準備する/着服する
고만두다・관두다・그만두다	やめる
말다	中断する, 中止する
그치다	やむ, やめる, 終わる
없애다	無くす/処分する
지우다	消す/なくす

사라지다	消える
누르다	押す, 抑える
밀다	押す
밀어내다	押し出す
들르다	立ち寄る
거치다	触れる/立ち寄る/経る
뵈다	お目に掛かる
보이다(뵈다)	見える
쳐다보다	見上げる/見つめる/眺める
들여다보다	のぞき見る
지켜보다	見守る/世話する
알아보다	調べる/見分ける
마주보다	向かい合う
돌아보다	振り向く
구경하다	見物する
막다	塞ぐ, 遮る
막히다	塞がる, 詰まる
뚫다	(穴を)開ける
파다	掘る/彫る
파고들다	入り込む
만지다	触る

닿다	触れる/届く
대다	触れる
머무르다(머물다)	滞在する, 留まる
묵다	泊まる/古びた
부서지다	壊れる
무너지다	崩れる
깨다	割る, 壊す
붓다	注ぐ
쏟다	こぼす/注ぐ
볶다	炒める
볶음	炒め物
굽다	焼く
타다	燃える/日焼けする/焦げる/焦る
끓다	沸く
끓이다	沸かす
익다	実る, 熟す/煮える/漬かる
익히다	煮る/身につける, 習う
담그다	浸す/漬ける
상하다	腐る/傷つく
썩다	腐る
섞다	混ぜる
섞이다	混ざる
비비다	擦る/混ぜる
지치다	疲れる
피곤하다	疲れている
잡수다	먹다の尊敬語(召し上がる)
잡수시다	잡수다の尊敬語(召し上がる)
말다	水やスープに入れて混ぜる
말아먹다	水やスープに入れて食べる
시켜먹다	出前を頼む
사먹다	外食する
먹이다	食べさせる
부르다	満腹だ
배가 부르다	お腹がいっぱいだ
앓다	患う/苦しむ
시큰시큰하다・시큰거리다	ずきんずきんと痛む, ずきずきと痛む
어찔하다	くらくらする, ふらふらする
아물다	(傷などが)癒える
치료하다	治療する
늘어나다	伸びる
줄다	減る

줄이다	減らす/縮める	벌어지다	広がる, 繰り広げられる
줄어들다	減ってくる	흩어지다	散る/広がる
덜다	減らす	건너다	渡る
쥐다	握る, 掴む	건너가다	渡って行く
집다	つまみ上げる	건너오다	渡って来る
지니다	身に着ける	건너뛰다	跳び越える
차다	(時計などを)はめる	뛰어들다	飛び込む, 駆け込む
시계를 차다	時計をはめる	나아가다	進む
참다	我慢する	앞서다	先に立つ
견디다	耐える	넘어가다	越えて行く/倒れる/騙される
칠하다	塗る	넘어오다	越えて来る
바르다	貼る, 塗る	다가가다	近づいて行く
태어나다	生まれる	다가오다	近づいて来る
낳다	生む, 産む	피하다	避ける
자라나다	育つ	도망하다	逃亡する
키우다	育てる/飼う	도망(을) 가다	逃げる
기르다	育てる/飼う/(髪などを)伸ばす	도망(을) 치다	逃げる
머리를 기르다	髪を伸ばす	데리다	連れる
퍼지다	広がる	데려가다	連れて行く
펼치다	広げる	데려오다	連れて来る
벌리다	広げる	따르다	追う/従う/なつく

따라가다	ついて行く	곱다	美しい, きれいだ
따라오다	ついて来る	권하다	勧める
지나가다	過ぎる, 通り過ぎる	귀엽다	可愛い
스쳐지나가다	すれ違う	그러다	そうする
왔다갔다하다	行ったり来たりする	그럴듯하다	もっともらしい
갔다오다	行って来る	긋다	(線を)引く
오가다	行き来する	기대	期待
		기울이다	傾ける
가만두다	放っておく	깨닫다	悟る
가만있다	じっとしている	깨어나다(깨나다)	覚める
가난하다	貧しい	꺼내다	取り出す
갈아입다	着替える	끄덕이다	うなずく
갈아타다	乗り換える	끝내주다	終えてあげる
갚다	返す	끼우다(끼다)	挟む
거두다	収穫する/世話をする/寄せ集める	나뉘다(나누이다)	分けられる, 分かれる
숨을 거두다	息を引き取る	날다	飛ぶ
거절하다	拒絶する, 断る	낫다	より良い
건강히	健康に	내놓고 말하다	隠さずに言う
걸치다	かかる/及ぶ	내려놓다	降ろす
고생스럽다	苦しい	내밀다	突き出す
고통스럽다	苦しい	내놓다	外に出す/差し出す

널다	干す
넘겨받다	引き継ぐ
넘기다	渡す/越えさせる
높이다	高める
놓이다	置かれる
놓치다	逃す/失う
느리다	遅い
늙다	老いる
다루다	扱う
다하다	終わる/終える, 果たす
달다	垂らす
달리하다	異にする
닮다	似る
담기다	入れられる, 込められる
답	答え
당하다	当面する/匹敵する/被る
더하다	加える
덮다	覆う/(本を)閉じる
덮어놓다	覆っておく
돌아서다	振り返る
돕다	助ける, 手伝う

도움되다	役立つ
두르다	巻く
드러나다	現われる/見つかる/知られる
드물다	稀だ
들이다	入れる/費やす
따다	取る, 摘む
때리다	殴る
떠오르다	浮かぶ
떨다	震える, 震わす
떨리다	震える, 揺れる
떼다	取る/離す
뜨다	浮かぶ/昇る
뜻하다	志す/意味する
뜻하지 않다	考えもしない
띄다	(目に)つく
마르다	乾く/痩せる
말랐다	痩せている
마주서다(맞서다)	向かい合う
마주하다	向き合う
마주앉다	向かい合って座る
마주잡다(맞잡다)	手を取り合う

맞다	当たる/受ける
맞다・맞이하다	迎える
맡기다	任せる
맺다	結ぶ
멈추다	止まる, 止む
멋있다	素敵だ, 格好いい
모시다	お供する/仕える
목욕	風呂, 入浴
목욕을 하다	お風呂に入る
몰다	追いやる/運転する
못되다	(たちが)悪い
못생기다	醜い
못쓰다	よくない, いけない
무엇하다(뭐하다)	気まずい
묻다	つく
물다	咬む, (口に)くわえる
미루다	延ばす/(責任を)負わす
미안스럽다	すまない
밀어붙이다	追い込む
밉다	憎い
바르다	正しい

바뀌다	変えられる
바치다	捧げる
받아들이다	受け入れる
밟다	踏む
벌다	(お金を)儲ける
벌이다	始める/開く
벗어나다	抜け出す
보아주다	みてあげる/世話をする/大目にみる
본	手本, 模範
본을 받다	手本とする, 見習う
부담하다	負担する
부담스럽다	負担だ
부딪히다・부딪치다	ぶつかる
부럽다	羨ましい
불만스럽다	不満気だ
불안스럽다	不安げだ
불안히	不安に
비롯하다	～をはじめとする
비우다	空にする
비치다	照る/映る

빛나다	光る
빛내다	輝かす
빠지다	溺れる/熱中する/抜ける
빼놓다	除く, 省く
빼다	抜く, 取り除く
뻗다	伸びる, 伸ばす
뿌리다	撒く
사귀다	付き合う
살리다	生かす
살피다	調べる
살펴보다	注意して調べてみる
상관	関係, 相関
상관없다	関係ない
새다	夜が明ける
날이 새다	夜が明ける
생겨나다	生じる, 発生する
소리치다	叫ぶ
속하다	属する
숙이다	(首、頭を)下げる, うつむく
순수하다	純粋だ
쉬다	呼吸する
스치다	かすめる, よぎる
머리속을 스치다	頭をよぎる
싣다	載せる/積む
실리다	載る, 載せられる
실수하다	失敗する/失礼なことをする
심다	植える
싸다	包む/(弁当を)作る
쌓다	積む/築く
쌓이다	積まれる, 積もる
쏘다	射る/刺す/鋭く言う
쓰러지다	倒れる
쓰이다(씌다)	使われる
아깝다	もったいない, 惜しい
아끼다	節約する, 惜しむ/大事にする
안다	抱く(だく/いだく)/抱える
알아내다	見分ける/見つける
알아맞추다・알아맞히다	言い当てる
알아차리다	気づく, 見破る
앞두다	目前に控える
어울리다	似合う/交流する
여기다	思う

여쭈다	(目上の人に)申し上げる, 伺う
옮기다	移す/訳す
옮다	移る/変わる
감기가 옮다	風邪がうつる
외치다	叫ぶ
외침소리	叫び声
울리다	鳴る, 鳴らす/泣かせる
위험	危険
위험하다	危ない
위험스럽다	危なげだ
유명하다	有名だ
이루다	成す
이르다	着く, 到着する/(時間に)なる/及ぶ
이르다	早い
이야기되다	話題になる
이어받다	受け継ぐ
인정스럽다	情け深い
일으키다	起こす/興す
잇다	結ぶ, つなぐ/続ける
자르다	切る
자연스럽다	自然だ
자연히	自然に
잘나다	優れている/賢い/器量が良い
잘못되다	誤る, 間違う/死ぬ
잘생기다	整った顔立ちだ
잠그다	(鍵を)掛ける
잡다	見積もる/立てる
잡히다	捕まる/(計画, 予定などが)決まる
장난치다	いたずらする
저지르다	しでかす/犯す
적다	記入する
절하다	お辞儀する, 会釈する
젖다	濡れる, 浸る
졸다	居眠りする
졸음	居眠り
죽이다	殺す
지나치다	度が過ぎる/通り過ぎる
지다	散る/暮れる
꽃이 지다	花が散る
해가 지다	日が暮れる
지다	背負う
지르다	突く/挿す/火をつける

코를 지르다	鼻につく
지혜	知恵
지혜롭다	賢い
짐	荷物/負担
짐스럽다	負担になる
주어지다	与えられる
집어넣다	入れる
찌다	太る
찌르다	刺す, 突く
차다	満ちる, 達する/満足する
차다	蹴る/舌を鳴らす/拒む
착하다	優しい
채우다(채다)	補う/満たす
취하다	取る
취하다	酔う
치다	張る, 吊る
치르다	支払う/経験する
값을 치르다	支払う
태우다	乗せる/滑らせる
태우다(태다)	燃やす/焦がす
담배를 태우다	たばこを吸う
속을 태우다	心を悩ます
터지다	破裂する/裂ける/急に起こる
털다	はたく/奪う
털어놓다	はたく
틀다	ひねる/(髪を)結う/(テレビ・ラジオなどを)つける/(方向を)変える
펄쩍	パッと/ピョンと
펄쩍뛰다	強く否定する/非常に喜ぶ
평화	平和
평화롭다	平和だ
합치다	合わせる
향하다	向く/向かう
헤어지다	別れる, 離れる
흔들다	振る, 揺らす
흔들리다	揺れる
흘러내리다	流れ落ちる
흘리다	流す
힘쓰다	力を出す/努力する/手伝う
힘입다	助けてもらう

Speed 3

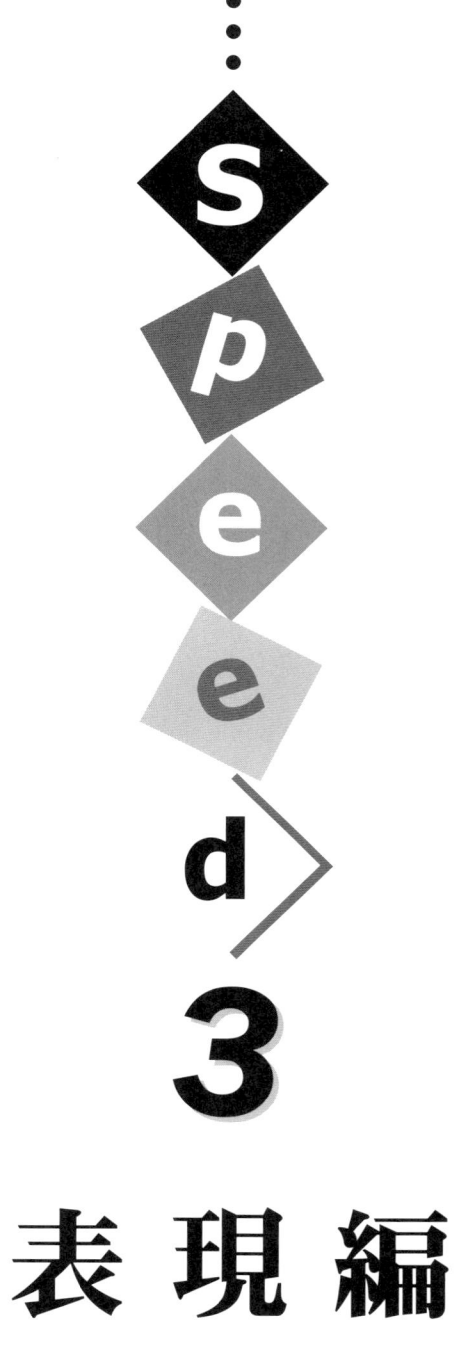

表現編
（慣用句）

손을 내젓다	拒絶したり否認したりする
고개를 젓다	(反対、拒絶などの意味で)首を横に振る
고개를 흔들다	首を横に振る
머리를 젓다	首を横に振る
머리를 흔들다	首を横に振る
목이 빠지다	首を長くして待つ
눈이 빠지다	首を長くして待つ
담을 쌓다	関係を断つ/縁を切る
손을 끊다	縁を切る
손을 떼다	手を引く
발을 빼다	手を引く/引退する
그릇이 작다	器が小さい
속이 좁다	度量が狭い
그릇이 크다	器が大きい
통이 크다	器が大きい/大胆だ
밤낮없이	昼夜を問わず/いつも
밤낮을 가리지 않다	昼夜を問わない
밤이나 낮이나	日夜/いつも
열을 내다	腹を立てる
열을 올리다	腹を立てる

문을 닫다	廃業する/店をたたむ
막을 내리다	(行事、事件などが)終わる/幕を下ろす
매듭을 짓다	区切りをつける
목이 메이다(메다)	のどがつまる/感情がこみ上げる
몸을 떨다	非常に興奮する
무릎을 치다	感心する
가만 있자(가만 있어, 가만 있거라, 가만 있어 봐)	えー/えーっと
거 봐(요)	言ったとおりでしょ
이봐(요)	おい
이래 뵈도	こう見えても
저래 뵈도	ああ見えても
입밖에 내다 · 입으로 내다	言う/口に出す
입을 떼다	話を始める
입을 막다	ばらさないようにする/口を塞ぐ
입이 무겁다	口が重い/口が堅い
입이 가볍다 · 입이 싸다	口が軽い
말이 많다	文句が多い/理屈っぽい
입에 대다	たしなむ
밥맛이 떨어지다 · 밥맛이 없다	食欲がない

表現編

그러잖아도 · 그러지 않아도	そうでなくても
그렇지 않아도 · 그렇잖아도	そうでなくとも
안 그래도	そうでなくても
기분이 없다	気分が乗らない
생각이 없다	欲しくない/したくない
기가 막히다	呆れる/とても素晴らしい
말도 안 나오다	何とも言いようがない
말도 안되다	話にならない/とんでもない
가면을 쓰다	仮面をかぶる/本心を隠す
시치미를 떼다 · 시침을 떼다	知らないふりをする
가슴에 묻다(마음 속에 묻다)	心の中にしまう
가슴에 새기다	胸に刻む
못을 박다	人の心を傷つける/念を押す/釘をさす
그래서 그런지	それでなのか
그러거나 말거나	そうしようとしまいと/そう言おうと言うまいと
그러고 보니까	そう考えてみると
그렇다고 (해서)	だからといって

가만히 앉아 있다	腕をこまねく/じっとしている
가슴이 답답하다	胸が苦しい
가슴이 뜨끔하다	胸がどきっとする

가슴이 쓰리다	胸が焼ける
가슴이 아프다	胸が痛む
가슴을 조이다	気をもむ
가슴이 찢어지다/찢기다/터지다	胸が張り裂ける
값을 하다	その価値にふさわしい
강 건너 불구경・강 건너 불 보듯	対岸の火事
같은 값이면	同じことなら
거리가 멀다	隔たりがある/距離がある
구경도 못하다	(かつて)見たこともない
귀를 기울이다	耳を傾ける/耳を澄ます
귀에 들어가다・귀에 들어오다	耳に入る
기를 펴다	一安心する
길을 가다	目的地に向けて移動する
꽃을 피우다	盛んにする/名を上げる
눈을 돌리다	目を向ける/関心を持つ
눈을 주다	目で合図をする/目を向ける
눈이 높다	目が高い
눈이 어둡다	視力が悪い/(よくないことに心を奪われ)理性を失う
다리를 놓다	橋渡しをする
돈을 뿌리다	お金を無駄遣いする
돈을 만들다	お金を工面する
두말(을) 말고	つべこべ言わずに
두말(을) 하지 않다	つべこべ言わない
두말할 필요(가) 없다	言うに及ばない
두말(을) 할 것 없이・두말없이	言うまでもなく
두말(을) 하지 못하다	何も言えない

둘도 없다	大変貴重だ/二つとない
뒤를 보아 주다(봐 주다)	後押しする/面倒を見る
땅에 떨어지다	(権威・名声などが)地に落ちる
머리를 맞대다	顔を突き合わす
머리를 스치다	頭をよぎる
머리가 무겁다	気分がすぐれない/頭が重い
몸에 배다	身につく/板につく
문자를 보내다/쓰다	(携帯電話に)メールを送る
물과 불	敵対関係にある人や物事
바람을 쐬다・바람을 쏘이다	(気晴らしに)出かける
발이 넓다	顔が広い/知り合いが多い
밥(아침/점심/저녁)을 사다	食事をおごる
백날이 가도	いつまでも
벽에 부딪치다・부딪히다・부닥치다	問題が生じる/壁にぶつかる
뿌리가 깊다	根深い/根強い
뿌리를 내리다	根をおろす/定着する
뿐(만) 아니라	のみならず
사람을 만들다	(人格や資質を備えさせ)一人前にする
선을 긋다	線を引く
선을 넘다	一線を越える/度が過ぎる
속을 썩이다	人に心配をかける/人を困らせる/心を痛める
속이 상하다	気をもむ/腹が立つ/気に障る
속이 타다(속을 태우다)	苛立つ
손에 넘어가다・손으로 넘어가다	他人の手に渡る
손에 넣다	手に入れる
손에 잡히다	(仕事などが)手につく

손을 벌리다	手を差し出して金品を要求する
손을 보다	手を加える/手入れする
손을 쓰다	手を回す/対策を講じる
아쉬운 소리	不足分を補うために人に頼むこと
앓는 소리	大げさに振舞うこと/過度に心配すること
앞을 내다보다	先を見据える
어제 오늘	最近
얼굴을 내밀다	顔を出す
얼굴을 못 들다	面目が立たない/合わす顔がない
얼굴이 뜨겁다	顔が熱い/顔から火が出る
오늘 내일	すぐに/早いうちに
우는 소리	泣き言
이를 갈다	(歯ぎしりをして)悔しがる
이름이 없다	知られていない/無名だ
이름이 있다	名がある/有名だ
점을 찍다	目星をつける
주머니를 털다	財布をはたく/所持金を出す/他人のお金を強制的に出させる
죽었다 깨어나도	絶対に
죽을 죄를 짓다	大きな罪を犯す
죽을 힘을 다하다	全力を尽くす
큰소리를 치다	大口をたたく
펜을 들다	文章を書き始める
피부로 느끼다	実際に経験する
힘을 주다	強調する

Speed 4

文法編

01 ㅎ パッチムの不規則
(形容詞において)

基本部分の末尾が ㅎ の場合、不規則に変化します。

やわらかい表現 ⌐

> ㅎㅏ or ㅎㅓ が脱落 ⇨ ㅐ요 が入る

까맣다(黒い)　　　　까맣　：까ㅁ　＋ ㅐ요 → 까매요
빨갛다(赤い)　　　　빨갛　：빨ㄱ　＋ ㅐ요 → 빨개요
노랗다(黄色い)　　　노랗　：노ㄹ　＋ ㅐ요 → 노래요
커다랗다(とても大きい)　커다랗：커다ㄹ　＋ ㅐ요 → 커다래요
이렇다(このようだ)　이렇　：이ㄹ　＋ ㅐ요 → 이래요
어떻다(どのようだ)　어떻　：어ㄸ　＋ ㅐ요 → 어때요

	かたい表現	やわらかい表現	連体形 (ㅎ が脱落、ㄴ が入る)
까맣다(黒い)	까맣습니다	까매요	까만
빨갛다(赤い)	빨갛습니다	빨개요	빨간

注意　하얗다(白い)　하얗：하ㅇ ＋ *ㅐ요 → 하얘요

注意　좋다 → 좋아요 [좋다は規則的です。]

02 러の不規則

以下の単語は(基本部分の末尾が 르 で終わる一部分の単語)、不規則に変化します。

やわらかい表現 ┐

> 基本部分 + 러요
>
> (〜어요 でなく 〜러요 に変化して活用します。)

이르다 : 이르 + 러요 → 이르러요 (着きます)
(着く/到着する)

푸르다 : 푸르 + 러요 → 푸르러요 (青いです/はつらつとしています)
(青い/はつらつとしている)

	かたい表現 (現在形/過去形)	やわらかい表現 (現在形/過去形)
이르다 (着く/到着する)	이릅니다/이르렀습니다	이르러요/이르렀어요
푸르다 (青い/はつらつとしている)	푸릅니다/푸르렀습니다	푸르러요/푸르렀어요

注意

「早い」の 이르다 は 르 の不規則です。

이르다 (早い) → 일러요 (早いです)

03 ㄷパッチムの不規則

やわらかい表現 ┐

ㄷ パッチムが脱落 ⇨ ㄹ아요 or ㄹ어요 が入る

	かたい表現	やわらかい表現
깨닫다(悟る)	깨닫습니다	깨달아요
싣다(載せる/積む)	싣습니다	실어요

04 ㅅパッチムの不規則

やわらかい表現 ┐

ㅅ パッチムが脱落 ⇨ 아요 or 어요 が入る

	かたい表現	やわらかい表現
긋다((線を)引く)	긋습니다	그어요
붓다(注ぐ)	붓습니다	부어요
잇다(結ぶ)	잇습니다	이어요
낫다(より良い)	낫습니다	나아요

05 ㅂパッチムの不規則

やわらかい表現 ↴

ㅂ パッチムが脱落 ⇨ 워요 が入る

	かたい表現	やわらかい表現
굽다(焼く)	굽습니다	구워요
귀엽다(可愛い)	귀엽습니다	귀여워요
놀랍다(驚く)	놀랍습니다	놀라워요
더럽다(汚い)	더럽습니다	더러워요
뜨겁다(熱い)	뜨겁습니다	뜨거워요
무섭다(怖い)	무섭습니다	무서워요
밉다(憎い)	밉습니다	미워요
부끄럽다(恥ずかしい)	부끄럽습니다	부끄러워요
부드럽다(柔らかい)	부드럽습니다	부드러워요
부럽다(羨ましい)	부럽습니다	부러워요
새롭다(新しい)	새롭습니다	새로워요
시끄럽다(うるさい)	시끄럽습니다	시끄러워요
싱겁다((味が)薄い)	싱겁습니다	싱거워요
아깝다(惜しい)	아깝습니다	아까워요
안타깝다(残念だ)	안타깝습니다	안타까워요
즐겁다(楽しい)	즐겁습니다	즐거워요
차갑다(冷たい)	차갑습니다	차가워요
*돕다(手伝う)	돕습니다	*도와요
*곱다(美しい)	곱습니다	*고와요

注意 돕다, 곱다 には〜와요 が入って、도와요, 고와요 となります。

06 르の不規則

やわらかい表現 ┐

르 が脱落 ⇨ ㄹ라요 or ㄹ러요 が入る

	かたい表現	やわらかい表現
고르다(選ぶ)	고릅니다	골라요
기르다(育てる/飼う)	기릅니다	길러요
누르다(押す/抑える)	누릅니다	눌러요
두르다(巻く)	두릅니다	둘러요
떠오르다(浮かぶ)	떠오릅니다	떠올라요
마르다(乾く/痩せる)	마릅니다	말라요
머무르다(滞在する)	머무릅니다	머물러요
바르다(貼る、塗る)	바릅니다	발라요
서두르다(急ぐ)	서두릅니다	서둘러요
이르다(早い)	이릅니다	일러요
자르다(切る)	자릅니다	잘라요
저지르다(しでかす/犯す)	저지릅니다	저질러요

07 으の不規則

やわらかい表現 ┐

으 が脱落 ⇨ ㅏ요 or ㅓ요 が入る

	かたい表現	やわらかい表現
담그다(浸す/漬ける)	담급니다	담가요
들르다(立ち寄る)	들릅니다	들러요
따르다(追う/従う/懐く)	따릅니다	따라요
뜨다(浮かぶ/昇る)	뜹니다	떠요
못쓰다(よくない/いけない)	못씁니다	못써요
쓰다(苦い)	씁니다	써요
잠그다((鍵を)掛ける)	잠급니다	잠가요
치르다(支払う/経験する)	치릅니다	치러요
힘쓰다(力を出す/努力する)	힘씁니다	힘써요

08 ㄹパッチムの不規則

注意 かたい表現 ⌐

ㄹ パッチムが脱落 ⇨ ㅂ니다 が入る

やわらかい表現→規則的(ㄹそのまま)

	かたい表現	やわらかい表現
날다(飛ぶ)	납니다	날아요
내밀다(突き出す)	내밉니다	내밀어요
널다(干す)	넙니다	널어요
달다(垂らす)	답니다	달아요
덜다(減らす)	덥니다	덜어요
드물다(稀だ)	드뭅니다	드물어요
뛰어들다(飛び込む/駆け込む)	뛰어듭니다	뛰어들어요
말다(中断する)	맙니다	말아요
몰다(追いやる/運転する)	몹니다	몰아요
물다(咬む)	뭅니다	물어요
밀다(押す)	밉니다	밀어요
벌다((お金を)儲ける)	법니다	벌어요
빌다(祈る)	빕니다	빌어요
빨다(洗濯する)	빱니다	빨아요
아물다(癒える)	아뭅니다	아물어요
얼다(凍る)	업니다	얼어요
이끌다(引く)	이끕니다	이끌어요
졸다(居眠りする)	좁니다	졸아요
줄다(減る)	줍니다	줄어요
털다(はたく)	텁니다	털어요
틀다(ひねる/つける)	틉니다	틀어요
흔들다(振る)	흔듭니다	흔들어요

09 不規則動詞・形容詞の連体形

	過去連体形	現在連体形	未来連体形
動詞	듣다聴く （들은） 짓다建てる （지은） 눕다横になる （누운） 오르다上がる （오른） 모으다集める （모은） 만들다つくる （만든）	듣다 （듣는） 짓다 （짓는） 눕다 （눕는） 오르다 （오르는） 모으다 （모으는） 만들다 （만드는）	듣다 （들을） 짓다 （지을） 눕다 （누울） 오르다 （오를） 모으다 （모을） 만들다 （만들）
形容詞		낫다より良い （나은） 어렵다難しい（어려운） 빠르다早い （빠른） 바쁘다忙しい （바쁜） 달다甘い （단）	

Speed 5 活用編

01 活用編①

[動詞・形容詞] 基本部分 + ～活用形

パッチムの有無や母音の形に無関係で、ワンパターンです。

～거나　　　　　　　　　　　～するか／～したり

내일은 친구를 만나거나 쇼핑을 할 거예요.
　　　　　　　　　明日は友達に会うかショッピングをするつもりです。

～건　　　　　　　　　　　　　　　　～しようと

무엇을 고르건 상관없어요.　　　　　　何を選ぼうと関係ないです。

～게　　　　　　　　　～するように／形容詞の副詞化

같이 지내게 되었다.　　　　　　　　一緒に過ごすようになった。
맵게 해 주세요.　　　　　　　　　　辛くしてください。

※形容詞の基本部分 + ～게 = 副詞
　　　　　맵 + ～게 = 맵게 (辛く)
　　　　맛있 + ～게 = 맛있게 (おいしく)

～기　　　　　　　～すること［動詞・形容詞の名詞化］

영화보기와 노래부르기.　　　　　映画見ることと歌を歌うこと。
학교 운동장에서 달리기 연습을 하고 있어요.
　　　　　　　　　　学校の運動場で走りの練習をしています。

～기는(요)・～긴(요)　　　　　～することは/～だなんて

　　병원에 가기는 갔어요?　　　　　　　　病院に行くのは行きましたか。
Q : 일이 힘들죠?　　　　　　　　　　　　仕事が大変でしょう。
A : 아뇨, 힘들기는요.　　　　　　　　　　いいえ、大変だなんて。

～기를 바라다　　　　　　　　　～することを願う

빨리 낫기를 바래요.　　　　　　　　　　早く治ることを願います。

～기에　　　　　　　　　　　　　～ので、～だから

음식이 맛있기에 많이 먹었어요.　　食べ物がおいしいのでたくさん食べました。

～더～　　　　　　　　　　　　　～した～、～だった～

밖이 시끄럽더니 지금은 조용하네요.　　外が騒々しかったが今は静かですね。

～더군요　　　　　　　　　　　　　～でしたよ

그 사람은 매운 음식을 좋아하더군요.
　　　　　　　　　　　　　　　　　　その人は辛い食べ物が好きでしたよ。
너무 조용하더군요.　　　　　　　　　　とても静かでしたよ。

～더라도　　　　　　　　　　　～であっても、～しても

바쁘더라도 식사는 꼭 하세요.　　　　忙しくても食事は必ずしてください。

～던　　　　　　　　　　　　　　　～だった

어제 먹던 음식은 뭐예요?　　　　　　昨日食べた食べ物は何ですか。
학생 때 잘하던 운동은 뭐였어요?　　学生の時上手だった運動は何でしたか。

~던가요? ~でしたかね

가게에 손님이 많이 있던가요?　　　　　店にお客さんが多くいましたかね。

~던데(요)(?) ~だったのに/~したのですが

물건이 좋던데 왜 안 샀어요?
　　　　　　　　品物がよかったのにどうして買いませんでしたか。
아까 서둘러 나가던데요?　　　　さっき急いで出て行ったのですが。

~든 ~しても、~しようと

비가 오든 안 오든 걸어서 갈 거예요.
　　　　　　　　　雨が降っても降らなくても歩いて行きます。

~든지 ~しても

거기에 가든지 안 가든지 관계없어요.
　　　　　　　　そこに行っても行かなくても関係ありません。

~자 ~するや否や、~するとすぐに

점심을 먹자 바로 출발했어요.　　昼食を食べるや否やすぐ出発しました。

~자면 ~しようと思えば、~しようとすれば

바다를 보자면 다음 역에서 내려야 합니다.
　　　　　　海をみようと思うならば次の駅で降りなければなりません。
이야기를 하자면 길어요.　　　　　　　　話をしようとすれば長いです。

| ~자고 그러다 | ~しようと言っている |

주말에 영화 보자고 그럽니다.　　　　週末に映画みようと言っています。

| ~잡니다 | ~しようと言っていました |

운동장에서 같이 야구하잡니다.
　　　　　　　　　　運動場で一緒に野球しようと言っていました。

| ~잡니까? | ~しようと言っていましたか |

그 친구가 그렇게 하잡니까?
　　　　　　　　　　その友達がそのようにしようと言っていましたか。

| ~재요(?) | ~しようということです |

연락을 기다려 보재요.　　　　　　連絡を待ってみようということです。

| ~자고 하다 | ~しようと言う |

같이 노래를 부르자고 했어요.　　　一緒に歌を歌おうと言いました。

| ~거나 말거나・~건 말건 | ~しようとも~しなくとも |

다른 사람들이 가거나 말거나 우린 여기 있겠어요.
　　　　　　他の人たちが行こうとも行かなくとも私たちはここにいます。

| ~게 되다 | ~するようになる |

예정보다 빨리 오게 되었어요.　　　予定より早く来るようになりました。

活用編

~게 하다　　　　　　　　　~するようにする、~させる

회의 시간을 미루게 했어요.　　　　会議の時間を延ばすようにしました。

~고 ~고 하다　　　　　　　　　~したり~したりする

시장에 가서 야채도 사고 과일도 사고 하겠어요.
　　　　　　　　市場に行って野菜も買ったり果物も買ったりします。

~고 다니다　　　　　　　　　~して通う/~して歩き回る

요즘 비가 자주 와서 우산을 들고 다녀요.
　　　　　　　　最近雨がしょっちゅう降るので傘を持って通います。
백화점에서 옷을 보고 다녔어요.　　百貨店で服を見て歩き回りました。

~고 말고(요)　　　　　　　　　　　　　~とも

혼자서 할 수 있고 말고요.　　　　　　　一人でできるとも。

~고 보니・~고 보면　　　~してみると、~してみたら

수영을 배우고 보니 재미있어요.　　水泳を習ってみると面白いです。
요리를 만들고 보면 시간이 금방 지나갈 거예요.
　　　　　　　　料理をつくってみると時間がすぐに過ぎるでしょう。

~고 보자　　　　　　　　　　　(まず)~してみよう

먼저 그 책을 읽고 보자.　　　　　まずその本を読んでみよう。

~고 싶어하다　　　　　　　　　　　~したがる

관광객들이 저 산에 올라가고 싶어해요.
　　　　　　　　観光客たちがあの山に登りたがります。

~고(야) 말다　　　　　　　　　　必ずや~する

내일은 일찍 일어나고야 말겠다.　　明日は必ずや早く起きる。

~다(가)　　　　　　　　~して/~してきて/~してから

친구와 이야기를 하다가 늦게 잤어요.　友達と話をして遅く寝ました。
영화를 보다가 졸았어요.　　　　　映画を見て居眠りしました。

~기 때문(에)　　　　　　　　　　　　~ので

싱겁기 때문에 소금을 넣었어요.　　味が薄いので塩を入れました。
금방 지치기 때문에 쉬면서 하세요.
　　　　　　すぐに疲れるので休みながらしてください。

~기 시작하다　　　　　　　　　　　~し始める

언제부터 일기를 쓰기 시작했어요?　いつから日記を書き始めましたか。

~기 위하여(서)・~기 위해(서)　　　~するために

지하철을 타기 위하여 차표를 샀다.　地下鉄に乗るために乗車券を買った。

~기 위한　　　　　　　　　　　　~するための

여기는 책을 읽기 위한 좋은 장소예요.
　　　　　　　　　　ここは本を読むためのいい場所です。

집중하기 위한 방법. 集中するための方法。

~기 전(에) ~する前(に)

가게를 열기 전에 물건을 정리합니다. 店を開ける前に品物を整理します。

~기 직전(에) ~する直前(に)

밖에 나가기 직전에 전화가 왔다. 外に出て行く直前に電話がきた。
지하철을 타기 직전에 친구를 만났다. 地下鉄に乗る直前に友達に会った。

~나 보다 ~するようだ

밖에서 누구와 말하고 있나 봐요. 外で誰かと話しているようです。
방에서 쉬고 있나 보다. 部屋で休んでいるようだ。

~는 건 안 되다 ~してはいけない

여기에 들어오는 건 안 돼요. ここに入って来てはいけません。
늦게 오는 건 안 됩니다. 遅く来てはいけません。

~는 것 같다 ~するようだ

지금 전화하는 것 같아요. 今、電話しているようです。
무슨 생각을 하고 있는 것 같습니다. 何か考えをしているようです。

~는 것이 좋다 ~するのがよい

기차를 타려면 지금 나가는 것이 좋아요.
　　　　　　　　　　　　　　汽車に乗るには今出るのがよいです。

저녁에 연락을 하는 것이 좋습니다. 夕方に連絡をするのがいいです。

~는 것이 어때요? ~するのはどうですか

밖에서 야구를 하는 것이 어때요? 外で野球をするのはどうですか。

이번 휴가에 바다에 가는 것이 어때요?
今回の休暇に海に行くのはどうですか。

~는 길(에) ~するついで(に)

집에 돌아오는 길에 과일을 사 오세요.
家に帰ってくるついでに果物を買って来てください。

~는 도중(에) ~する途中(で)

점심을 만드는 도중에 손님이 왔어요.
昼食を作る途中でお客さんが来ました。

은행에 가는 도중에 후배를 만났어요.
銀行に行く途中で後輩に会いました。

~는 동안(에) ~する間(に)

화장실에 갔다오는 동안에 영화가 시작되었어요.
化粧室に行って来る間に映画が始まりました。

버스에서 자는 동안 도착했어요. バスで寝ている間に着きました。

~는 중 ~している最中

지하철에서 내리는 중에 전화가 왔어요.
地下鉄から降りている最中に電話がかかってきました。

역에서 친구를 기다리는 중입니다. 駅で友達を待っている最中です。

~던 끝에 ~した末に

손님이 너무 많아서 한 시간 기다리던 끝에 겨우 먹을 수 있었다.
　　　　　　　お客さんがとても多かった(多い)ので1時間待った末にやっと食べられた。

~든지 ~든지 ~するか~するか

옷을 사든지 구두를 사든지 빨리 결정하세요.
　　　　　　　　　　　　服を買うか靴を買うか早く決定してください。

오늘은 영화를 보든지 공원을 걷든지 하면서 시간을 보내고 싶어요.
　　　　　　　　　今日は映画を見るか公園を歩くかしながら時間を過ごしたいです。

~든지 ~든지 하다 ~か~かをする

빵을 먹든지 우유를 마시든지 하세요.
　　　　　　　　　　　　　パンを食べるか牛乳を飲むかしてください。

좀 쉬든지 잠을 자든지 해야 해요.
　　　　　　　　　　　　　少し休むか寝るかしなければなりません。

~지 않으면 안 되다 ~しなければならない

나중에 시간이 없으니 지금 점심을 먹지 않으면 안 돼요.
　　　　　　　　　後で時間がないので今、昼食を食べなければならないです。

지금 숙제를 마치지 않으면 안 됩니다.
　　　　　　　　　　　　　　　　今、宿題を終えなければならないです。

~지 않을래요? ~しませんか

커피 마시지 않을래요?　　　　　　　　　　コーヒー飲みませんか。
도서관에서 공부하지 않을래요?　　　　　　図書館で勉強しませんか。

| 動　詞　～는군요 | ～ですね |
| 形容詞　～군요 | |

시간이 빨리 지나가는군요.　　　　時間が早く過ぎるのですね。
여긴 아주 덥군요.　　　　　　　　ここはとても暑いですね。
김밥이 아주 맛있군요.　　　　　　のり巻きがとてもおいしいですね。

02 活用編②

(名詞) 에 한해서　　　　　　　　〜に限り

2월에 한해서 문을 엽니다.　　　　　　2月に限り店を開けます。
오전 중에 한해서 이용이 가능해요.　　午前中に限り利用が可能です。

(名詞) 에 지나지 않다　　　　　　〜にすぎない

그건 작은 문제에 지나지 않아요.　　　それは小さい問題にすぎません。
「나이는 숫자에 지나지 않는다」라는 말이 있다.
　　　　　　　　　　　　　「年齢は数字にすぎない」という言葉がある。

(名詞) 에(에게) 있어서　　　　　　〜にとって

그것은 회사에 있어서 효과적인 광고이다.
　　　　　　　　　　　　それは会社にとって効果的な広告である。
그 사람에게 있어서 중요한 것은 결과보다 과정이다.
　　　　　　　　　　　　その人にとって重要なのは結果より過程である。
한국요리에 있어서 고춧가루는 중요한 재료라고 할 수 있다.
　　　　　　　　　　　　韓国料理にとって唐辛子粉は重要な材料だと言える。

(名詞) 에 앞서　　　　　　　　　　〜に先立って

다음 수업에 앞서 예습을 하였다.　　　次の授業に先立って予習をした。
시험에 앞서 감독자가 주의점을 설명하였다.
　　　　　　　　　　　　試験に先立って監督者が注意点を説明した。

(名詞) 에 비하다　　　　　　　　　　　〜に比べる

이것은 가격에 비하면 좋은 물건이라고 말할 수 있다.
　　　　　　　　　　　これは価格に比べると良い品物だと言える。
작년에 비해서 주문수가 늘었어요.　　去年に比べて注文数が伸びました。

(名詞) 에 비추어　　　　　　　　　　　〜に照らして

그 사실에 비추어 알 수 있다.　　その事実に照らして知ることができる。
이상의 내용에 비추어 본 결과.　　以上の内容に照らしてみた結果。

(名詞) 에 반하여(반해)　　　　　　　　　〜に反して

가격에 반해서 물건은 좋았어요.　　価格に反して物はよかったです。

(名詞) 에 따른　　　　　　　　　　　〜に伴った

시간에 따른 변화.　　　　　　　　　　時間に伴った変化。
산업 발전에 따른 환경 문제.　　　産業発展に伴った環境問題。

(名詞) 에 따라(서)　　　　　　　　　　〜に従って

교통 규칙에 따라 운전을 해야 됩니다.
　　　　　　　　　　交通規則に従って運転をしなければならないです。
순서에 따라서 해 보십시오　　順序に従ってしてみてください。

(名詞) 에 대한　　　　　　　　　　　〜についての

해외 경제에 대한 보고.　　　　　海外経済についての報告。
날씨에 대한 이야기를 하고 있었어요.　天気についての話をしていました。

(名詞) 에 대해(서) ～について

한국 요리에 대해 물어봤어요.　　　　韓国料理について尋ねてみました。
우리는 여름 휴가에 대해서 이야기했어요.
　　　　　　　　　　　　　　　私たちは夏の休暇について話しました。

(名詞) 에 관한 ～に関する

시험에 관한 이야기를 들었어요.　　　試験に関する話を聞きました。
한국어 문법에 관한 책 있어요?　　　韓国語の文法に関する本ありますか。

(名詞) 에 관해(서) ～に関して

발음에 관해서 물어보고 싶은 게 있어요.
　　　　　　　　　　　　　　発音に関して尋ねたいことがあります。
다음주 계획에 관해서 이야기해 주세요.
　　　　　　　　　　　　　　来週の計画に関して話してください。

(名詞) 만 아니면 ～でさえなければ

감기만 아니면 같이 놀러갈 수 있어요.
　　　　　　　　　　　　　　風邪でさえなければ一緒に遊びに行けます。
내일 비바람만 아니면 떠나려고 그래요.
　　　　　　　　　　　　　明日雨風でさえなければ出発しようと思います。

(名詞) 만 해도 ～だけでも

공원을 걷기만 해도 기분이 좋아요. 公園を歩く(歩き)だけでも気分がいいです。

※【動詞・形容詞の名詞化】
　　動詞・形容詞の基本部分 ＋ ～기 ＝ 名詞
　　　　　　　　　걷　 ＋ ～기 ＝ 걷기(歩き)
　　　　　　　　　달리 ＋ ～기 ＝ 달리기(走り)
　　　　　　　　　읽　 ＋ ～기 ＝ 읽기(読み)

(名詞) 만(도) 못하다　　　　　　　　～よりもよくない

대회 결과가 작년만 못하네요.　　　大会の結果が去年よりもよくないですね。
이 기능이 옛날 것만 못하답니다.
　　　　　　　　　　この機能が昔のものよりもよくないと言っています。

(名詞) 만에　　　　　　　　　　　　　～ぶりに

몇 년만에 만났습니까?　　　　　　　何年ぶりに会いましたか。
6개월만에 운동을 시작했어요.　　　6か月ぶりに運動を始めました。

(名詞) {은/는} 물론이고　　　　　　～はもちろん

크기는 물론이고 색깔도 마음에 들어요.
　　　　　　　　　　大きさはもちろん、色もとても気に入ります。

(名詞) {은/는} (名詞) 대로　　　　～は～(名詞) なりに

그 사람은 그 사람대로 하고 있다.　　その人はその人なりにやっている。

(名詞) {을/를} 따라(서)　～に沿って、～について、～にしたがって

이 도로를 따라서 가시면 역이 있어요.
　　　　　　　　　　この道路に沿って行かれると駅があります。

活用編

친구를 따라 갔어요.　　　　　　　　　　友達について行きました。

발음을 따라서 연습해 보세요.　　　発音にしたがって練習してみてください。

- **(名詞){을/를} 비롯하여(서)　　　～をはじめ(として)**
- **(名詞){을/를} 비롯해(서)**

귤을 비롯하여 여러 과일을 샀어요.

　　　　　　　　　　みかんをはじめいろんな果物を買いました。

배추를 비롯하여 많은 야채를 팔고 있어요.

　　　　　　　　　　白菜をはじめたくさんの野菜を売っています。

- **(名詞){을/를} 비롯한　　　　　　～をはじめとした**

한국을 비롯한 여러 나라를 여행하려고요.

　　　　　韓国をはじめとしたいろいろな国を旅行しようと思いまして。

김치를 비롯한 여러가지 한국 요리를 먹어볼 수 있어요.

　　　　　キムチをはじめとしたいろいろな韓国料理を食べてみることができます。

- **(名詞){을/를} 위하여(서)　　　　～のため(に)**
- **(名詞){을/를} 위해(서)**

시험 합격을 위해서 열심히 공부했어요.

　　　　　　　　　　試験合格のために一生懸命に勉強しました。

꿈을 위해서 힘내세요.　　　　　　夢のためにがんばってください。

- **(名詞){을/를} 위한　　　　　　　～のための**

건강을 위한 운동입니다.　　　　　　健康のための運動です。

여행자를 위한 상품이다.　　　　　　旅行者のための商品である。

(名詞){을/를} 통하여(서)　　～を通し(て)、～を通じ(て)
(名詞){을/를} 통해(서)

그 경험을 통하여 많은 것을 배웠다.
　　　　　　　　　　　　その経験を通して多くのものを学んだ。

여행을 통해 여러 사람들을 만났어요.
　　　　　　　　　　　　旅行を通じていろいろな人々に会いました。

(名詞){을/를} 통한　　～を通した、～を通じた

스포츠를 통한 국제 교류에 대하여.　　スポーツを通した国際交流について。

(名詞){과/와} 마찬가지(로)　　～と同じく

예습과 마찬가지로 복습도 아주 중요하다.
　　　　　　　　　　　　予習と同じく復習もとても重要だ。

단어와 마찬가지로 문법도 열심히 공부했다.
　　　　　　　　　　　　単語と同じく文法も熱心に勉強した。

(名詞){과/와} 다름없다　　～と変わらない

그들은 옛날과 다름없어요.　　彼らは昔と変わらないです。

그는 후배이지만 친구와 다름없어요.
　　　　　　　　　　　　彼は後輩だが友達と変わらないです。

03 活用編③

[動詞・形容詞] 基本部分の末尾に、

ㅏ or ㅗ が有れば　　→ 基本部分 ＋ 〜(**아/았**)活用形
ㅏ or ㅗ が無ければ　→ 基本部分 ＋ 〜(**어/었**)活用形

～{아/어}　　　　　　　　　　　～して、～ので

매운 음식을 먹어 봤어요.　　　　　辛い食べ物を食べてみました。
마음에 들어 샀습니다.　　　　　　気に入ったので買いました。

～{아/어}야지(요)　　　　　　　～べきだ、～しなければ

내일 새벽에 떠나니까 빨리 자야지요.
　　　　　　　　　明日夜明けに出発するので早く寝るべきですよ。
다음주에 드라마를 봐야지.　　　　来週(に)ドラマを見なければ。

～{아/어} 내다　　　　　　　　　～出す

어디서 찾아 내었어요?　　　　　　どこで探し出しましたか。
좋은 방법을 생각해 내었어요.　　　いい方法を考え出しました。
＊4級 해내다(やり遂げる)

～{아/어} 놓다　　　　　　　　　～しておく

미리 적어 놓을까요?　　　　　　　予め記入しておきましょうか。

누가 청소를 해 놓았어요?　　　　　　　　だれが掃除をしておきましたか。

~{아/어} 두다　　　　　　　　～しておく

아침에 밥을 만들어 두겠어요.　　　　　　朝にごはんを作っておきます。
어제 예습을 해 두었어요.　　　　　　　　昨日予習をしておきました。

~{아/어} 드리다　　　　　　　　～して差し上げる

빨리 만들어 드리겠어요.　　　　　　　　早く作って差し上げます。
다른 옷을 보여 드릴까요?　　　　　　　違う服をみせて差し上げましょうか。

~{아/어} 버리다　　　　　　　　～してしまう

갑자기 나가 버렸어요.　　　　　　　　　急に出てしまいました。
후배와의 약속을 잊어 버렸습니다.　　　　後輩との約束を忘れてしまいました。

~{아/어} 보고 싶다　　　　　　　　～してみたい

거기에 직접 가 보고 싶어요.　　　　　　そこに直接行ってみたいです。
외국어를 배워 보고 싶네요.　　　　　　外国語を習ってみたいですね。

~{아/어} 보니(까)　　　　　　　　～してみると

그 소설 읽어 보니 재미있죠?　　　その小説読んでみると面白いでしょう。
오랜만에 바다에 와 보니까 즐겁네요.
　　　　　　　　　　　　　　久しぶりに海に来てみると楽しいですね。

~{아/어} 보이다　　　　　　　　～みえる

그 드라마는 재미있어 보이네요.　　　　そのドラマは面白くみえますね。

얼굴이 어려 보입니다.　　　　　　　　　　　　顔が幼くみえます。

~{아/어} 본 일이 있다/없다　　~してみたことがある/ない

저 산에 올라가 본 일이 있어요?　　あの山に登ってみたことがありますか。
매운 음식을 먹어 본 일이 있습니까?
　　　　　　　　　　　　　辛い食べ物を食べてみたことがありますか。

~{아/어} 오다　　　　　　　　　　　　~してくる

여기까지 걸어 왔어요?　　　　　　　ここまで歩いて来ましたか。
나중에 또 만들어 올게요.　　　　　　あとでまた作って来ますよ。

~{아/어} 주면 안 돼요?　　　　~してもらえませんか

그 서류를 내일 보내 주면 안 돼요?
　　　　　　　　　　　　その書類を明日送ってもらえませんか。
내일 연락해 주면 안 돼요?　　　　　明日連絡してもらえませんか。
이 종이에 써 주면 안 돼요?　　　　　この紙に書いてもらえませんか。

~{아/어} 주면 좋겠다　　~してもらいたいんですが
~{아/어} 주면 좋겠는데요

내일은 1시간 빨리 와 주면 좋겠는데요.
　　　　　　　　　　　　明日は１時間早く来てもらいたいんですが。
오후에 전화해 주면 좋겠는데요.　　午後に電話してもらいたいんですが。

~{아/어} 주었으면 해요　　~してくれたらと思います

여기서 기다려 주었으면 해요.　　ここで待ってくれたらと思います。

빨리 만들어 주었으면 해요. 　　　　　　　早く作ってくれたらと思います。

~{아/어} 하다　　　　　　　　　~したがる

저 손님은 주스를 마시고 싶어 해요.
　　　　　　　あのお客さんはジュースを飲みたがっています。

~{아/어}서 그러다　　　　　　　　　~だからだ

Q : 아직 사무실에 있네요?　　　　　まだ事務室にいるんですね。
A : 일이 많아서 그래요.　　　　　　仕事が多いからです。
Q : 왜 울어요?　　　　　　　　　　なぜ泣くのですか。
A : 영화가 너무 슬퍼서 그래요.　　　映画がとても悲しいからです。

~{아/어}서는 안 되다　　　　　　　　　~してはならない

위험해요. 너무 빨리 달려서는 안 됩니다.
　　　　　　　危ないです。あまり速く走ってはなりません。
조용히 하세요. 여기선 말해서는 안됩니다.
　　　　　　　静かにしてください。ここでは話してはなりません。

~{아/어}지다　　　　　　　　　~なる

갑자기 바빠졌어요.　　　　　　　　急に忙しくなりました。
공원이 넓어졌어요.　　　　　　　　公園が広くなりました。

~{았/었}겠다　　　　　　　　　~したであろう

친구를 만나서 좋았겠다.　　　　　友達に会ってよかったであろう。
밤에 잘 때 추웠겠다.　　　　　　　夜に寝る時寒かったであろう。

活用編

~{았/었}던 것 같다　　　　　　　　　　～したようだ

술을 많이 마셨던것 같아요.　　　　　　お酒をたくさん飲んだようです。
어제는 좀 피곤했던것 같습니다.　　　　昨日はちょっと疲れたようです。

~{았/었}으면 좋겠다　　　　　　　　　～したらいい

기차가 빨리 왔으면 좋겠어요.　　　　　汽車が早く来たらいいですね。
그들이 같이 해 주었으면 좋겠어요.
　　　　　　　　　　　　　　　　　　　彼らが一緒にしてくれたらいいですね。

~{았/었}으면 하다　　　　　　　　　　～してほしい

더 맵게 했으면 해요.　　　　　　　　　もっと辛くしてほしいです。
빨리 일어났으면 해요.　　　　　　　　　早く起きてほしいです。

~{았/었}을 때　　　　　　　　　　　　～した時

이 책을 읽었을 때 몇 살이었습니까?　　この本を読んだ時、何歳でしたか。
저녁을 먹었을 때 눈이 내리기 시작했어요.
　　　　　　　　　　　　　　　　　　　夕食を食べた時、雪が降り始めました。

~{았/었}다가　　　　　　　　　　　　～してから

숙제를 했다가 갔습니다.　　　　　　　宿題をしてから行きました。
공원에서 같이 놀았다가 밥 먹으러 갔어요.
　　　　　　　　　　　　　　　　　　　公園で一緒に遊んでからご飯食べに行きました。

~{았/었}더~　　　　　　　　　　　　～していた～

이미 영화가 끝났더군요.　　　　　　　すでに映画が終わっていたんですよ。

사람들이 일찍 왔더군요.　　　　　　　　　　人々が早く来ていたんですよ。

～{았/었}던～　　　　　　　　　　～した＋名詞

아까 받았던 자료는 어디에 놓았어요?
　　　　　　　　　　さっきもらった資料はどこに置きましたか。
어제 먹었던 음식은 어떻게 만듭니까?
　　　　　　　　　　昨日食べた食べ物はどのように作りますか。

～{았/었}었어요　　　　　　　　　　～していました、～しました

옛날에 자주 갔었습니다.　　　　　　　昔しょっちゅう行っていました。
그 사람이 언제 왔었어요?　　　　　　　その人がいつ来ましたか。

04 活用編④

動詞・形容詞 基本部分の末尾に、

パッチムが有れば → 基本部分 + 〜(으)活用形
パッチムが無ければ → 基本部分 + 〜活用形

〜(으)니　　　〜だから、〜ので/〜すると、〜したら

지금은 사람이 많으니 이따가 들어오세요.
　　　　　　　　　今は人が多いので、後ほどお入りください。

안경을 쓰니 잘 보여요.　　　　　眼鏡をかけるとよく見えます。
내일은 바쁘니 오늘 찾아갈게요.　明日は忙しいので今日会いに行きますよ。
이 책을 읽어보니 어렵네요.　　　この本を読んでみると難しいですね。

〜(으)려면　　〜しようとすれば、〜するには、〜したければ

병원에 가려면 여기서 내리세요.　病院に行くにはここで降りてください。

〜(으)며　　　　〜して、〜したり、〜しながら

신문을 읽으며 아침밥을 먹어요.　新聞を読みながら朝食を食べます。
커피를 마시며 시간을 보냈다.　　コーヒーを飲んで時間を過ごした。

〜(으)십시다　　　　　　　　　　　〜しましょう

빨리 가십시다.　　　　　　　　　　　　早く行きましょう。
서둘러 하십시다.　　　　　　　　　　　急いでしましょう。

~(으)라고 하면　　～するようにと言うならば/～と言えば

글을 쓰라고 하면 시를 쓰고 싶어요.
文を書くようにと言うならば、詩を書きたいです。

한국요리라고 하면 어떤 것이 생각나요?
韓国料理と言えばどんなものが思い出しますか。

(名詞) 만 ~(으)면　　～すれば必ず

주말만 되면 운동하러 가요.　　週末になれば必ず運動しに行きます。

~(으)면 …{을/ㄹ}수록　　～すれば…するほど

하면 할수록 즐겁네요.　　すればするほど楽しいですね。
읽으면 읽을수록 재미있어요.　　読めば読むほど面白いです。

(名詞)(으)로 보나　　～からみても、～をみても

맛으로 보나 가격으로 보나 만족합니다.
味からみても価格からみても満足します。

(名詞)(으)로 봐서　　～から考えて

이 점수로 봐서 합격할 거예요.　　この点数から考えて合格するでしょう。
디자인으로 봐서 비싸겠어요.　　デザインから考えて高いでしょう。

~(으)랍니다　　～するようにとのことでした

티켓은 저기서 사랍니다.　　チケットはあそこで買うようにとのことでした。

~(으)랍니까? ~するようにとのことでしたか

그 사람에게 물어 보랍니까?   その人に尋ねるようにとのことでしたか

~(으)래요(?) ~するようにだって、~するようにだとさ

기다리지 말고 먼저 가래요.   待たないで先に行くようにだって。

~(으)려고 그러다 ~しようとする(思う)

새로운 일을 시작하려고 그래요.   新しい仕事を始めようと思います。
약속이 있어서 나가려고 그래요.   約束があるので出ようと思います。

~(으)라고 하다 ~するようにと言う

빨리 쉬라고 했어요.   早く休むようにと言いました。

~(으)라고 그러다 ~するようにと言っている

잠시 가게에 들르라고 그러네요.
　　　　　　　　　　　ちょっと店に立ち寄るようにと言っています。

05 活用編⑤

[動詞] 基本部分 + 〜活用形

パッチムの有無や母音の形に無関係で、ワンパターンです。

[形容詞] 基本部分の末尾に、

パッチムが有れば　→ 基本部分 + 〜(은)活用形
パッチムが無ければ → 基本部分 + 〜(ㄴ)活用形

動　詞　〜는가요?　　　　　　　　　　　　〜ですか
形容詞　〜{은/ㄴ}가요?

어디에 가는가요?　　　　　　　　　　どこに行くのですか。
바지가 작은가요?　　　　　　　　　　ズボンが小さいですか。

動　詞　〜는데　　　　〜するのに、〜するけれど、〜するが
形容詞　〜{은/ㄴ}데

비가 내리고 있는데 왜 우산을 안 가지고 가요?
　　　　　　　雨が降っているのにどうして傘を持たないで行くのですか。

기쁜데 눈물이 나네요.　　　　　　　うれしいのに涙が出ますね。
매운데 맛있네요. ＊ㅂ不規則(맵다)　　辛いけれどおいしいですね。

| 動　詞　～는데도 | ～けれど |
| 形容詞　～{은/ㄴ}데 | |

그 사람을 한 시간이나 기다렸는데도 못 만났습니다.
その人を１時間も待ったけれど会えなかったです。

날씨가 나쁜데도 출발했습니다.　　　　天気が悪いけれど出発しました。

| 動　詞　～는데요(?) | ～ですね/～ですが |
| 形容詞　～{은/ㄴ}데요(?) | |

늦게 끝나는데요.　　　　　　　　　　　遅く終わるのですが。
사람이 정말 많은데요.　　　　　　　　　人が本当に多いですね。

| 動　詞　～는 대신에 | ～する代わりに |
| 形容詞　～{은/ㄴ} 대신에 | |

밥 먹는 대신에 빵을 먹었다.　　　　　ご飯食べる代わりにパンを食べた。

| 動　詞　～는 경우(에) | ～する場合(に) |
| 形容詞　～{은/ㄴ} 경우(에) | |

예정보다 더 묵는 경우 연락하세요.
予定よりもっと泊まる場合連絡ください。

| 動　詞　～는 동시에 | ～すると同時に |
| 形容詞　～{은/ㄴ} 동시에 | |

의자에 앉는 동시에 신문을 읽기 시작해요.
椅子に座ると同時に新聞を読み始めます。

| 動　詞　～는 반면(에) | ～する反面 |
| 形容詞　～{은/ㄴ} 반면에 | |

오전에는 손님이 많은 반면 오후에는 별로 없어요.
　　　　　　　　午前にはお客さんが多い反面、午後にはあまりいません。

| 動　詞　～는가 보다 | ～ようだ、～みたいだ |
| 形容詞　～{은/ㄴ}가 보다 | |

책을 빌리는가 봐요.　　　　　　　　　　　　本を借りるようです。
국이 짠가 보네요.　　　　　　　　　　　　　スープが塩辛いみたいですね。

| 動　詞　～는데도 | ～のに |
| 形容詞　～{은/ㄴ}데도 | |

날씨가 안 좋은데도 외출했어요.　　　　天気が良くないのに出掛けました。

06 活用編⑥

[動詞] 基本部分 + ～活用形

パッチムの有無や母音の形に無関係で、ワンパターンです。

[形容詞] 基本部分の末尾に、

パッチムが有れば　→ 基本部分 + ～(으)活用形
パッチムが無ければ → 基本部分 + ～活用形

動　詞　～느냐고 그러다　　　～のかと言っている
形容詞　～(으)냐고 그러다

어디 가느냐고 그러네요.　　　どこ行くのかと言っていますね。

動　詞　～느냐고 하다　　　～するのかと言う
形容詞　～(으)냐고 하다

그 사람이 내일 바쁘냐고 하던데요.
　　　　　　その人が、明日忙しいのかと言っていたのですが。

動　詞　～느냡니다　　　～するのかと尋ねていました
形容詞　～(으)냡니다

이것을 버리느냡니다.　　　これを捨てるのかと尋ねていました。
배가 고프냡니다.　　　お腹が空いたのかと尋ねていました。

| 動　詞　～느냐니까? | ～するのかと尋ねていましたか |
| 形容詞　～(으)냐니까? | |

무엇을 찾느냐니까?　　　　　　　　　何を探すのかと尋ねていましたか。
강이 깊으냐니까?　　　　　　　　　　川が深いのかと尋ねていましたか。

| 動　詞　～느냬(요)(?) | ～するのかと尋ねていますよ |
| 形容詞　～(으)냬요(?) | |

언제가 안 바쁘냬요.　　　　　　　　　いつが忙しくないのかと尋ねていますよ。

07 活用編⑦

[動詞] 基本部分の末尾に、

パッチムが有れば　→ 基本部分 ＋ 〜(는)活用形
パッチムが無ければ → 基本部分 ＋ 〜(ㄴ)活用形

[形容詞]　パッチムの有無や母音の形に無関係で、ワンパターンです。

> 動　詞　〜{는/ㄴ}다고요(?)　　　　　〜ですって(?)
> 形容詞　〜다고요(?)

그 사람이 오늘 도착한다고요?　　　その人が今日到着するんですって?
누구라고요?　　　　　　　　　　　　　　　　　　　誰ですって?

＊名詞の場合（〜(이)라고요）

> 動　詞　〜{는/ㄴ}답니다　　〜するそうです、〜だそうです
> 形容詞　〜답니다

밖에서 친구와 사먹는답니다.　　　　　外で友達と外食するそうです。
오후에 비가 온답니다.　　　　　　　　　　午後に雨が降るそうです。
주말이어서 관광객이 많답니다.　　　　週末なので観光客が多いそうです。

| 動　詞　~{는/ㄴ}답니까?　　~すると言っていましたか、~だと言っていましたか
| 形容詞　~답니까?

그 가게는 몇 시에 닫는답니까?　　その店は何時に閉めると言っていましたか。
영화는 재미있답니까?　　映画は面白いと言っていましたか。
출발이 월요일이랍니까?　　出発が月曜日だと言っていましたか。

＊名詞の場合 (〜(이)랍니까?)

| 動　詞　~{는/ㄴ}대요(?)　　　　　　~と言っています
| 形容詞　~대요(?)

혼자서 읽는대요.　　一人で読むと言っています。
구두가 작대요.　　靴が小さいと言っています。
반찬이 맛있대요.　　おかずがおいしいと言っています。

| 動　詞　~{는/ㄴ}는다는 것　　　　　~ということ
| 形容詞　~다는 것

한 시간마다 확인한다는 것은 쉽지 않아요.
　　　　一時間毎に確認するということは易しくないです。
거기 경치가 좋다는 것은 유명해요.
　　　　そこの景色がいいということは有名です。

| 動　詞　~{는/ㄴ}다고 해서　　　　　~からといって
| 形容詞　~다고 해서

택시로 간다고 해서 빨리 도착한다고 말할 수 없다.
　　　　タクシーで行くからといって、早く着くとは言えない。
구름이 많다고 해서 반드시 비가 온다고 말할 수 없다.
　　　　雲が多いからといって、必ず雨が降るとは言えない。

> 動　詞　~{는/ㄴ}다고 그러다　　　　　　　　~だという
> 形容詞　~다고 그러다

거기까지는 택시보다 지하철이 빠르다고 그럽니다.
　　　　　　　　　そこまではタクシーより地下鉄が早いといいます。

> 動　詞　~{는/ㄴ}다면　　　　　　　　　　　~ならば
> 形容詞　~다면

싱겁다면 소금을 넣어 보세요.　　味が薄いならば塩を入れてみてください。
같이 가고 싶다면 말씀하세요.
　　　　　　　　　　　一緒に行きたいならばおっしゃってください。

非丁寧形

（新聞や書籍などの書き言葉として用いられます。また、対等な会話にも使われます。）

1. 動詞の場合

　　基本部分の末尾に パッチムが有れば　⇨　基本部分 + **~는다**
　　　　例 점심을 먹는다.（昼食を食べる。）
　　基本部分の末尾にパッチムが無ければ　⇨　基本部分 + **~ㄴ다**
　　　　例 학교에 간다.（学校に行く。）
　＊注意　[ㄹパッチム不規則の場合]
　　基本部分の末尾がㄹパッチムの場合
　　　　　　　⇩
　　基本部分(ㄹ脱落) + **~ㄴ다**
　　　　例 의자를 만든다.（椅子をつくる。）

2. 形容詞の場合

基本形のまま使われます。

　　例　오늘은 덥다. (今日は暑い。)

　　例　날씨가 좋다. (天気が良い。)

3. 名詞の場合

名詞の末尾にパッチムが有れば　⇨　**〜이다**

　　例　책상이다. (机だ。)

名詞の末尾にパッチムが無ければ　⇨　**〜다**

　　例　우유다. (牛乳だ。)

活用編

08 活用編⑧

～(連体形) 것이다　　　　　～のだ

참기름은 나중에 넣는 것이다.　　　　ごま油はあとで入れるのだ。

～(連体形) 김에　　　　　～ついでに

예습을 하는 김에 복습까지 했어요.　예습をするついでに復習までしました。

～(連体形) 관계로　　　　　～(する/した)関係で

밖에서 손님과 식사를 하는 관계로 먼저 나가겠습니다.
　　　　　　　　　　　外でお客さんと食事をする関係で先に出ます。

～(連体形) 듯(이)　　　　　(まるで)～かのように

영화를 본 듯이 이야기를 했다.　　映画をみたかのように話をした。
바로 출발할 듯 짐을 정리했다.　すぐ出発するかのように荷物を整理した。

～(連体形) 한편　　　　　～(する/した)一方

요리를 배우는 한편 영어도 배우고 있어요.
　　　　　　　　　　　　　料理を習う一方、英語も習っています。
그 일이 끝난 한편 다른 일이 아직 남아 있다.
　　　　　　　　　　その用事が終わった一方、違う用事がまだ残っている。

| ~(連体形) 것 같다 | ~しそうだ、~ようだ |

생각이 나는 것 같네요. 　　　　　　　　　　思い出しそうですね。
지금 비가 내리는 것 같습니다. 　　　　　　　今雨が降っているようです。

| ~(連体形) 거 있지요 | ~ですよ |

손을 흔들고 있는데 이쪽을 안 보는 거 있지요.
　　　　　　　　　　手を振っていたのにこっちを見ないのですよ。

| ~(連体形) 것 같다 | ~したようだ, ~したみたいだ |

기차가 이미 떠난 것 같습니다. 　　　　　　　汽車がすでに出発したようです。
감기에 걸린 것 같아요. 　　　　　　　　　　風邪をひいたみたいです。

| ~(連体形) 이래(로) | ~して以来 |

한국어 공부를 시작한 이래로 한국 드라마를 보면서 듣기 연습을 했어요.
　　　　　韓国語の勉強を始めて以来、韓国ドラマを見ながら聞き取り練習をしました。

| ~(連体形) 일이 있다/없다 | ~したことがある/ない |

그 음식점에 간 일이 있어요. 　　　　　　　その飲食店に行ったことがあります。
그 드라마를 본 일이 없다. 　　　　　　　　そのドラマを見たことがない。

| ~(連体形) 적(이) 있다/없다 | ~したことがある/ない |

그 영화를 본 적이 없어요. 　　　　　　　　その映画を見たことがないです。

| ~(連体形) 지 | ~してから |

외국어를 배운 지 6개월 됩니다. 　　　　　外国語を習ってから6カ月になります。

活用編

~(連体形) 척하다　　　　　　　　　　~ふりをする

자는 척하고 안 일어났다.　　　　　　寝ているふりをして起きなかった。

~{을/ㄹ} 것　　　　　　　　　　　　~すること

9시까지 도착할 것.　　　　　　　　　9時まで到着すること。
우산을 잊지 말 것.　　　　　　　　　傘を忘れないこと。

~{을/ㄹ} 것 같다　　　　　　　　　　~しそうだ

오후에 눈이 내릴 것 같아요.　　　　　午後に雪が降りそうです。
늦게 끝날 것 같아요.　　　　　　　　遅く終わりそうです。
내일 흐릴 것 같습니다.　　　　　　　明日曇りそうです。

~{을/ㄹ} 것 같으면　　　　　　　　　~ようであれば

늦을 것 같으면 미리 연락주세요.　　　遅れるようであれば予め連絡ください。
내일까지 다할 것 같으면 얘기하세요.

　　　　　　　明日まで終わるようであれば話してください。

~{을/ㄹ} 것이다　　　　　　　　　　~ようだ

예정보다 일찍 시작할 것입니다.　　　予定より早く始めるようです。
다섯 시까지는 끝날 거예요.　　　　　5時までは終わるようです。

~{을/ㄹ} 것이다　　　　　　　　　　~するつもりだ

그 옷은 내일 입을 것입니다.　　　　　その服は明日着るつもりです。

~{을/ㄹ} 듯 말 듯하다　　　　　　　~しそうである

기억이 날 듯 말 듯하네요.　　　　　　　　　　　思い出しそうですね。

~{을/ㄹ} 리(가) 없다/있다　　~はずがない/ある

약속을 잊을 리가 없어요.　　　　　　　　　約束を忘れるはずがないです。
그 사람이 안 올 리가 없어요.　　　　　　　その人が来ないはずがないです。

~{을/ㄹ} 뻔하다　　~しそうだ、~するところだ

영화를 보다가 울 뻔했어요.　　　　　　　　映画を見て泣きそうでした。
지갑을 잃어버릴 뻔했습니다.　　　　　　　財布をなくすところでした。

~{을/ㄹ} 뿐(만) 아니라　　~だけでなく

물건이 좋을 뿐만 아니라 값도 싸요.
　　　　　　　　　　　　　　　品物がいいだけでなく値段も安いです。

~{을/ㄹ} 뿐이다　　~するだけだ

그냥 이야기를 할 뿐이다.　　　　　　　　　ただ、話をするだけだ。

~{을/ㄹ} 수밖에 없다　　~しかない

예정보다 일찍 끝낼 수밖에 없습니다.
　　　　　　　　　　　　　　　予定より早く終えるしかないです。

~{을/ㄹ} 수 있는 대로　　~できるかぎり

자료를 모을 수 있는 대로 모아 볼게요.
　　　　　　　　　　　　　　　資料を集められるかぎり集めてみます。

活用編　139

~{을/ㄹ} 수 있다/없다　　~することができる/できない

운전을 할 수 있다.　　　　　　　　　　　　　　運転ができる。
이 케잌을 만들 수 없어요.　　　　　　　　　　このケーキーが作れません。
내일까지 외울 수 있어요.　　　　　　　　　　明日まで覚えられます。

~{을/ㄹ} 일이 있다/없다　　~することがある/ない

오후에 밖에 나갈 일이 있어요.　　　　　　　午後に外に出ることがあります。

~{을/ㄹ} 적(에)　　　　　　　　　　　~時(に)

지하철을 탈 적에 생각이 났어요.　　　　　地下鉄に乗る時に思い出しました。

~{을/ㄹ} 줄 알다　　　　　　　　　　~できる

그 노래를 부를 줄 알아요.　　　　　　　　　その歌が歌えます。

~{을/ㄹ} 줄 모르다　　　　　　　　　~できない

운전 할 줄 몰라요.　　　　　　　　　　　　　運転できません。

~{을/ㄹ}지(도) 모르다　　　　　　　~かもしれない

어쩌면 못 갈지도 몰라요.　　　　　ひょっとすると行けないかもしれません。

~{을/ㄹ} 테니(까)　　　　　　　　　　~するから

일이 끝나면 전화할 테니까 기다리세요.
　　　　　　　　　　　用事が終わると電話するから待ってください。

~{을/ㄹ} 테다/테야　　　　　　　　　　~するのだ

내일은 일찍 일어날 테야.　　　　　　　　明日は早く起きるのだ。

~{을/ㄹ} 텐데　　　　　　　　　　　　~けれど

내일 바쁠 텐데 올 수 있겠어요?　　明日忙しいけれど来られるのでしょうか。

~{을/ㄹ}까 말까 하다　　　　~しようかしまいかと考える

사먹을까 말까 해요.　　　　　　　　外食しようかしまいかと考えます。
구두를 살까 말까 합니다.　　　　　　靴を買おうか買うまいかと考えます。

~{을/ㄹ}까 봐(서)　　　　　　　　　~だろうと思って

늦을까 봐 택시를 타고 왔어요.
　　　　　　　　遅れるだろうと思ってタクシーに乗って来ました。
바쁠까 봐 일부러 연락을 안 했어요.
　　　　　　　　忙しいだろうと思ってわざと連絡をしませんでした。

~{을/ㄹ}까 하다　　　　　　　　　~しようかと思う

택시에 탈까 합니다.　　　　　　　　タクシーに乗ろうかと思います。
감기에 걸린 것 같아요. 병원에 갈까 해요.
　　　　　　　　風邪をひいたようです。病院に行こうかと思います。

~{음/ㅁ}　　　　　　　　~すること [動詞・形容詞の名詞化]

10페이지 읽음.　　　　　　　　　　　　10ページ読むこと。
준비물을 보냄.　　　　　　　　　　　　準備物を送ること。

● ~{음/ㅁ}에 따라서   ～するにつれて、～であるにつれて

시간이 지나감에 따라서 손님이 많아졌다.
時間が過ぎるにつれてお客さんが多くなった。

Speed 6

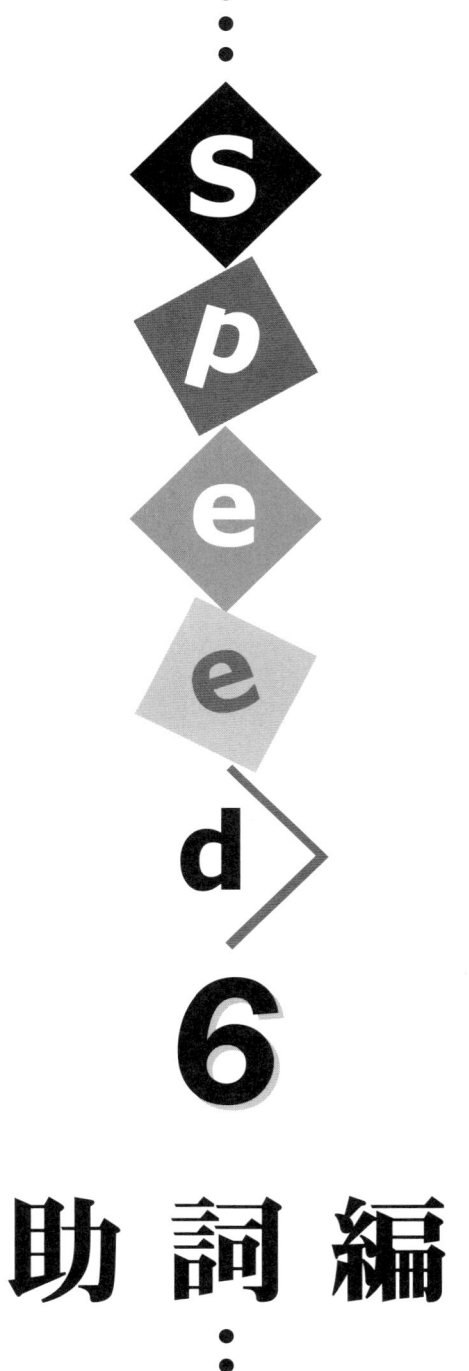

助詞編

01 助詞編 ①

※パッチムの有無や母音の形に無関係で、ワンパターンです。

~밖에　　~しか [後ろに否定表現がきて、「~しか~ない」と表現される]

연습은 하루에 한 번밖에 못해요?　　練習は一日に一回しかできませんか。
남은 과일은 사과밖에 없어요.　　残った果物はリンゴしかありません。

~뿐　　~のみ、~だけ

마음에 드는 것은 이것뿐입니다.　　気に入ったのはこれだけです。
매운 것은 이 반찬뿐이에요.　　辛いのはこのおかずだけです。

~보고　　~に [対象:人]

그 사람보고 아직 떠나지 말라고 전해 주세요.
　　その人にまだ出発しないようにと伝えてください。

~에게다(가)　　~に [対象:人・動物]

남으면 다른 사람에게다 나눠 주세요.　残ったら他の人に分けてください。

~대로　　~の通り

이 설명서대로 하면 됩니다.　　この説明書の通りすればできます。
주문대로 만들어 줄게요.　　注文の通り作ってあげますよ。

～만큼　　　　　　　　　　　　　～ほど、～くらい

옛날만큼 바쁘지 않아요.　　　　　　　　昔ほど忙しくないです。
바다만큼 넓어요.　　　　　　　　　　　海くらい広いです。

～말고　　　　　　　　　　　　　　～でなくて

연필말고 볼펜으로 써야 해요.
　　　　　　　　鉛筆でなくてボールペンで書かなければなりません。
주스말고 우유는 있어요?　　　　　ジュースでなく牛乳はありますか。

～말고도　　　　　　　　　　　　　～以外にも

이 노래말고도 듣고 싶은 노래가 많이 있어요.
　　　　　　　　この歌以外にも聞きたい歌がたくさんあります。
그 사람말고도 누가 올까요?　　　その人以外にも誰が来るでしょうか。

～에다(가)　　　　　　　　　　　　～に [追加]

주스에다 얼음을 넣었어요?　　　　ジュースに氷を入れましたか。
여기에다가 설탕도 섞으세요.　　　ここに砂糖も混ぜてください。

～다(가)　　　　　　　　　　　　　～に、～してから

저기다가 나무를 심었어요.　　　　あそこに木を植えました。
잠시 쉬다가 왔어요.　　　　　　　しばらく休んでから来ました。

～에　　　　　　　　　　　　　　　～で、～に

태풍에 기차가 멈췄다.　　　　　　台風で汽車が止まった。

助詞編

~이자　　　　　　　　　　～であると同時に

그 사람은 선배이자 친구입니다.　　その人は先輩であると同時に友達です。

02 助詞編 ②

名詞の末尾に、

パッチムが有れば　→ ～이 + 助詞
パッチムが無ければ → 助詞

～(이)라고　　　　　　　　　　　　～だからといって

한국 음식이라고 모두 매운 건 아닙니다.
　　　　　　　韓国の食べ物だからといって全部辛いのではないです。

～(이)란　　　　　　　　　　　　　　　～とは

연습이란 계속해야 한다.　　　練習とは継続しなければならない。

～(이)라도　　　　　　　　　　　　　　～でも

기다리면서 잡지라도 보세요.　　待ちながら雑誌でも見てください。
제목이라도 생각할까요?　　　　　題目でも考えましょうか。

～(이)라서　　　　　　　　　　　　　　～だから

내일 시험이라서 공부해야 돼요.
　　　　　　　　　明日試験だから勉強しなければなりません。

~(이)랑　　　　　　　　　　　　　　　　　　~と

친구랑 같이 놀러 갔어요.　　　　　　　　　友達と一緒に遊びに行きました。

~(이)서　　　　　　　　　　　　　　　　　~(何人)で

혼자서.　　　　　　　　　　　　　　　　　　　　　　一人で。
둘이서 청소를 끝냈어요.　　　　　　　　　　二人で掃除を終えました。

~(이)야　　　　　　　　　　　　　　　　~こそは [強調]

내일이야 비가 그치겠죠.　　　　　　　　　　明日こそは雨が止むでしょう。

~(이)야말로　　　　　　　　　　　　　~こそ(は) [強調]

지금이야말로 중요한 때이다.　　　　　　　　　　　今こそ重要な時だ。
고춧가루야말로 한국 요리의 대표적인 재료라고 말할 수 있겠다
　　　　　　　　　唐辛子粉こそ韓国料理の代表的な材料と言えるでしょう。

~(이)든　　　　　　　　　　　　　　　　　　~でも

물이든 주스든 아무거나 좋으니 빨리 주세요.
　　　　　　　　　　水でもジュースでも何でもいいので早くください。

~(이)든지　　　　　　　　　　　　　　　　　~でも

빨간색이든지 노란색이든지 좋아하는 색깔 골라 보세요.
　　　　　　　　　赤い色でも黄色い色でも、好きな色を選んでみてください。

~(이)나 　　　　　　　　　　　　~や、~でも、~も

옷의 모양이나 색깔은 마음에 들어요.　服の模様や色彩は気に入っています。
아직 한 시간이나 있으니 커피나 할까요?
　　　　　　　　　　　　まだ1時間もあるのでコーヒーでもしましょうか。

~(으)로서　　　　　　　　　　　　　　~として

배우로서 또 가수로서 열심히 노력하였다.
　　　　　　　　　　俳優として、また歌手として一生懸命に努力した。

~(으)로써　　　　　　　　　　　　~で、~を使って

이 나무로써 의자를 만듭니다.　　　　　この木で椅子を作ります。

Speed 7

長文読解編

01 長文読解 ①

> A : 손님, 무엇을 찾으십니까?
> B : 지금까지 사용한 청소기가 고장이 나서 새 것을 사려고 왔어요.
> A : 그래요? 그럼 이 청소기를 권해 드릴게요.
> B : 이건 좀 무겁네요. 무거우면 금방 피곤해서 가벼운 것이 좋아요.
>   청소기의 기능보다도 우선 크기와 무게를 보고 있어요.
> A : 그럼 이건 어때요? 새로 나온 제품으로 정말 가벼워요. 작고 가볍지만 기능도 좋은 상품이에요. 한 번 들어 보세요.
> B : 아주 가볍군요. 마음에 들어요. 이걸 사고 싶은데 색은 검은색밖에 없어요?
> A : 검은색 말고도 노란색, 흰색, 빨간색이 있는데 안타깝게 빨간색은 다 팔렸어요.
> B : 알겠어요. 그럼 노란색을 사겠어요
> A : 감사합니다. 잠시만 기다리세요.

A : お客様、何をお探しですか。
B : 今まで使っていた掃除機が故障したので新しいものを買いに来ました。
A : そうですか。では、この掃除機をお勧めいたします。
B : これは少し重いですね。重いとすぐに疲れるので軽いものがいいです。
　　掃除機の機能よりもまず大きさと重さをみています。
A : では、これはどうですか。新しく出た製品で、本当に軽いです。小さくて軽いですが機能も良い商品です。一度持ってみてください。
B : とても軽いですね。気に入りました。これを買いたいですが、色は黒しかないですか。
A : 色は黒以外にも黄色、白、赤がありますが、残念ながら赤は全部売れました。
B : わかりました。では、黄色を買います。
A : ありがとうございます。少しお待ちください。

02 長文読解 ②

　다음주 친구 유라와 같이 공동으로 발표를 해야 하기 때문에 어제는 하루종일 도서관에서 유라와 자료 조사를 했습니다. 오늘은 유라의 집에서 어제 조사한 자료를 정리하고 발표 연습도 했습니다. 유라의 집 냉장고에는 맛있게 익은 배추김치가 있어서 점심은 시켜먹지 않고 집에서 간단히 김치볶음밥을 만들기로 했습니다.

　김치볶음밥을 만드는 방법은 간단합니다. 먼저 김치를 기름에 볶습니다. 김치를 볶은 후에 밥을 넣고 밥과 김치를 섞으면서 다시 볶습니다. 좀 싱거우면 후추와 소금을 조금 넣습니다. 다음으로 계란후라이를 만들어 김치볶음밥 위에 올려 놓으면 완성입니다.

　간단하지만 아주 맛있는 김치볶음밥이었습니다. 김치볶음밥은 김치만 볶아도 물론 맛있지만, 햄 또는 돼지고기도 같이 볶으면 맛있습니다.

*햄(ハム)

　来週友達のユラと一緒に共同で発表をしなければならないので昨日は一日中図書館でユラと資料調査をしました。今日はユラの家で昨日調査した資料を整理して発表の練習もしました。ユラの家の冷蔵庫にはおいしく熟した白菜キムチがあるので、昼食は出前を注文しないで家で簡単にキムチチャーハン(キムチ炒めご飯)を作ることにしました。

　キムチチャーハンを作る方法は簡単です。まずキムチを油で炒めます。キムチを炒めた後ご飯を入れてご飯とキムチを混ぜながら再び炒めます。少し味が薄ければコショウと塩を少し入れます。次に目玉焼きを作ってキムチチャーハンの上にのせて置くと完成です。

　簡単ですがとてもおいしいキムチチャーハンでした。キムチチャーハンはキムチだけを炒めてももちろんおいしいですが、ハムまたは豚肉も一緒に炒めるとおいしいです。

03 長文読解 ③

　오늘은 오래전부터 준비해 온 자격시험이 있는 날이다. 아침부터 좀 긴장을 했기 때문에 시험 장소에 일찍 갔다. 그리고 시험을 볼 교실에서 지금까지 공부한 책과 노트를 보면서 복습을 했다. 시험이 시작되기 30분 전에 시험 감독 선생님께서 교실에 들어 오셨다. 그리고 시험을 칠 때 주의해야 할 사항에 대해서 설명을 하셨다. 책상 위에는 수험표와 연필 또는 샤프, 지우개만 두고 다른 것은 모두 가방 속에 넣어 각자의 의자 밑에 두라는 것이었다.

　선생님이 설명하신 후 시험이 시작되었다. 시험이 시작되기 직전까지는 긴장했는데 시험이 시작되니까 집중해서 문제를 풀 수 있었다. 지금까지 열심히 이 시험을 위해서 공부를 했으니까 꼭 좋은 결과가 나올 것이라고 생각한다. 시험이 끝났으니 오늘은 오랜만에 친구들과 만나서 이런저런 이야기를 하고 싶다.

*사항(事項)　　*수험(受驗)

　今日はずっと前から準備してきた資格試験がある日だ。朝から少し緊張をしていたので試験の場所に早く行った。そして試験を受ける教室で今まで勉強したテキストとノートを見ながら復習をした。試験が始まる30分前に試験監督の先生が教室に入って来られた。そして試験を受ける時の注意すべき事項について説明をされた。机の上には受験票と鉛筆またはシャープペンシル、消しゴムだけおき、他のものはすべてかばんの中に入れ各自の椅子の下に置くということだった。

　先生が説明された後、試験が始まった。試験が始まる直前までは緊張していたが、試験が始まると集中して問題を解くことができた。今まで一生懸命にこの試験のために勉強をしたのできっと良い結果が出ると思う。試験が終わったので今日は久しぶりに友達と会っていろんな話をしたい。

04 長文読解 ④

우리 반에 달리기를 아주 좋아하는 태호라는 남학생이 있어요. 태호는 매일 아침 운동장을 달리고 있어요. 오늘은 우리 초등학교에서 운동회가 있었어요. 태호는 우리 반 대표로 단거리 달리기에 나가게 되었어요. 반 친구들과 담임 선생님은 태호가 단거리 달리기에서 일등을 할 것이라고 생각했어요. 우리는 큰 소리로 태호를 응원했어요.

그러나 태호가 옆 사람과 부딪혀서 쓰러졌어요. 태호는 얼른 일어나서 다시 뛰기 시작했지만 일등은 못했어요. 태호는 안타까운 표정을 했어요. 반 친구들과 담임 선생님은 쓰러졌어도 다시 일어나서 끝까지 달린 태호에게 감동하여 큰 박수를 보냈어요.

*초등학교(小学校)　　*응원(応援)

　私たちのクラスに走ることがとても好きなテホという男子学生がいます。テホは毎日朝運動場を走っています。今日は私の小学校で運動会がありました。テホは私のクラスの代表で短距離走に出ることになりました。クラスの友達と担任の先生はテホが短距離走で一等をとれると思いました。私たちは大きな声でテホを応援しました。

　しかし、テホは隣の人とぶつかって倒れました。テホはすぐ起きて再び走り始めましたが一等はとれませんでした。テホは残念な表情をしました。クラスの友達と担任の先生は、倒れても再び起きて最後まで走ったテホに感動し拍手を送りました。

05 長文読解 ⑤

　항상 아침에 일찍 일어나는데 어젯밤 늦게까지 공부를 했기 때문에, 오늘은 늦게 일어났다. 오늘부터 여름방학이기 때문에 오랜만에 여유있는 아침 시간을 보냈다. 아침밥은 따뜻한 계란국과 밥 그리고 반찬은 생선과 오이김치를 먹었다. 김치에는 배추김치, 파김치, 오이김치등 여러 종류가 있지만 나는 오이김치를 제일 좋아한다.
　오후에는 친구와 요즘 인기가 있는 연극을 보러 갈까 한다.

　いつも朝早く起きるが、昨晩遅くまで勉強をしたので今朝は遅く起きた。今日から夏休みなので久しぶりに余裕ある朝の時間を送った。朝食は温かい玉子スープとご飯、そして、おかずは魚料理とオイキムチを食べた。キムチにはペチュキムチ(白菜)、パキムチ(ネギ)、オイキムチ(キュウリ)などいろいろな種類があるが私はオイキムチが一番好きだ。
　午後には友達と最近人気がある演劇を見に行こうかと思う。

付 録

スピード！
ハングル検定3級合格

模擬試験
（3回分）

❶ 筆記試験(60分) ⇨ 60点満点
❷ 聞取試験(30分) ⇨ 40点満点

60点以上が
合格！

筆記の必須得点－24点以上
聞取の必須得点－12点以上

100点
満点

第1回 筆記問題

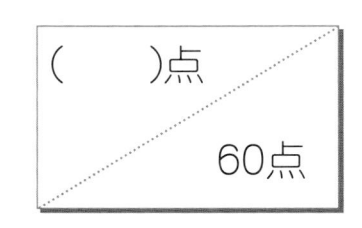

( )点 / 60点

解答はp38にあります。

1 発音どおり表記したものを①〜④の中から1つ選びなさい。

[各1点]

1) 손짓했지만
   ① 손진태치만　② 손지댇찌만　③ 손찓탣찌만　④ 손찓댇치만

2) 못 열었는데
   ① 몯더러는데　② 몬녀런는데　③ 몬여런는데　④ 모셔렁는데

3) 못 알렸다
   ① 모살렫타　② 모탈련따　③ 모날럳타　④ 모달렫따

2 ( )の中に入れるのに適切なものを①〜④の中から1つ選びなさい。

[各1点]

1) 그렇게 아름다운 경치는 지금까지 (　　) 도 못했어요.
   ① 구경　② 버릇　③ 습관　④ 질서

2) 옆 사람과 이야기하지 말고 내 말에 (　　) 를 기울이세요.
   ① 고개　② 이　③ 어깨　④ 귀

3) A: 내가 게임에서 이겼으니 약속(　　) 밥을 사 주세요.
   B: 알았어요. 뭐 먹고 싶어요?
   ① 대로　② 뿐　③ 밖에　④ 이야말로

4) 가슴이 답답하니까 잠시 바람을 (　　) 올게요.
   ① 쌓고　② 쐬고　③ 이끌고　④ 닿고

5) A : 저 선수는 꽤 어려 보이네요.
　　B :　(　　) 작년에 세계대회에서 일등을 한 선수예요.
　　① 도대체　　② 하루빨리　　③ 저래 뵈도　　④ 눈이 빠지게

3 下線部と意味が最も近いものを①～④の中から1つ選びなさい。

[各2点]

1) 저녁 연습은 한 시간 후로 미루었어요.
　　① 선택했어요　② 진행했어요　③ 연기했어요　④ 실시했어요

2) 창밖으로 바다가 보이는 방에 묵고 싶어요.
　　① 어울리고　② 머무르고　③ 사라지고　④ 알아보고

3) 아침은 길이 많이 막히니까 차라리 새벽에 떠나는 것이 좋겠어요.
　　① 마침내　② 오히려　③ 더구나　④ 이따가

4) 길에 눈이 많이 쌓여 있으니까 조심히 차를 몰아야 합니다.
　　① 집중해야　② 운전해야　③ 반응해야　④ 멈춰야

5) 여기에 서있지 말고 맨 앞에 자리가 있으니까 거기에 앉으세요.
　　① 얼른　② 온통　③ 일단　④ 제일

4 (　　)の中に入れるのに適切なものを①～④の中から1つ選びなさい。

[各2点]

1) 저녁 식사 후에는 책을 (　　) 숙제를 해요.
　　① 읽었던　② 읽거나　③ 읽으라고　④ 읽기에

2) A : 아까 그릇을 닦다가 컵을 (　　).
　　B : 조심해야지요.
　　① 깰 뿐이에요　　　　② 깰 수 없어요
　　③ 깰 줄 몰라요　　　　④ 깰 뻔했어요

3) A : 저기요. 이 신발보다 좀 작은 거 (　　).
　　B : 손님, 죄송합니다. 품절되었습니다.
　　① 신어 보나 봐요　　　② 신어 보고 싶은데요
　　③ 신어 볼 것 같아요　　④ 신어 본 척해요

4) A : 요즘에 영화 본 적 있어요?
　　　주말에 영화 (　　) 어떤 게 좋을까요?
　　B : 글쎄요. 최근 시간이 없어서 못 봤는데요.
　　① 본다고 해서　　　　　② 볼 뿐만 아니라
　　③ 볼까 하는데　　　　　④ 보면 볼수록

5) 전부터 보고 싶던 연극을 오늘 저녁에 (　　) 되어서 기뻐요.
　　① 보면　　② 보게　　③ 보고　　④ 보든

5 ①～④の中から間違っているものを１つ選びなさい。

[各1点]

1) 보고 싶어서 지나가고 길에 잠깐 들러 봤어요.
　　　　　　　①　　　　②　　③　　④

2) 대중들은 인기배우의 생활로 관해 알고 싶어합니다.
　　①　　　　②　　　　③　　　④

6 対話文を完成させるのに適切なものを①～④の中から１つ選びなさい。

[各1点]

1) A : 급한 볼일이 생겼기 때문에 얼른 갔다올게요.
　　B : 서둘러서 (　　).
　　① 안 와도 돼요
　　② 말도 안될 것 같아요
　　③ 거리가 멀기를 바래요
　　④ 따라올지 몰라요

2) A : 이번주는 올해에 들어서 가장 덥대요.
　　B : (　　).
　　① 왜냐하면 날씨가 흐렸기 때문에 안 나가고 싶어요
　　② 그러고보니까 저번주보다 훨씬 더워졌네요
　　③ 그래야 추운 날이 계속되어서 겨울같으네요
　　④ 앞으로 추우니까 감기에 걸릴지도 몰라요

3) A : 차표를 사려면 어느 방향으로 가야 됩니까?

　　B : 저도 마침 (　　　).

　① 오른쪽으로 갈까 말까 하는데요

　② 기차를 탈 수밖에 없어요

　③ 그리로 가니까 따라오세요

　④ 가기 직전에 차표를 구했어요

4) A : 중학생 이하는 이 체육관을 (　　　)

　　B : 그래서 그런지 늘 아이들이 많더군요.

　① 비싸게 값을 치러야 해요?

　② 공짜로 이용할 수 있답니다.

　③ 선수로서 운동하고 싶어요.

　④ 날마다 많은 연습을 하지 않을래요?

7 下線部の漢字のハングル表記が違うものを①～④の中から１つ選びなさい。

[各1点]

1) ① 製品　　② 課題　　③ 国際　　④ 姿勢

2) ① 関心　　② 環境　　③ 楽観　　④ 習慣

3) ① 公演　　② 延期　　③ 役割　　④ 研究

8 対話文を読んで 問1 ～ 問4 に答えなさい。

[各2点]

A : 어서 오세요. 국내와 해외 어느 쪽을 예정하고 있습니까?

B : 국내 여행이요. 일박이일 정도의 짧은 여행이요.

A : 지금 가을철이니 산에 오르는 건 어때요?

B : 네, 산에 오를까 생각하고 있어요.

A : 여러 여행 상품이 있지만 이 상품을 특히 권하고 싶어요.

B : 특별한 이유라도 있나요?

A : 네, 이건 요즘에 나온 신상품인데요. 이틀간의 계획으로 산에 오르고 조용한 바닷가에도 ①들러서 오는 여행이거든요. 경치가 아주 아름다운 관광지에요. (　②　) 산 위에서 드시라고 도시락도 챙겨 드려요.

B : 그래요? 좋으네요. 같은 값이면 산과 바다 둘 다 가는 게 좋아요. 언제까지 예약하면 돼요?

A : 여행을 떠나기 삼일 전까지 인터넷이나 전화로 예약을 하시면 돼요.

B : 저 혼자 가니까 지금 바로 예약할게요.

A : 감사합니다. 빨갛고 노랗게 변한 나뭇잎이 예쁠 거예요. 좋은 여행이 되기를 바랍니다.

問1 ① '들러서 오는'と同じ意味のものを①~④の中から1つ選びなさい。

① 갖추어 오는　　　　　　　　② 거쳐서 오는
③ 이끌어 오는　　　　　　　　④ 지쳐서 오는

問2 （ ② ）に入れるのに最も適切なものを①~④の中から1つ選びなさい。

① 비로소　　② 도대체　　③ 그다지　　④ 게다가

問3 対話の内容と一致するものを○、一致しないものを×とした場合の正しい組み合わせはどれか、①~④の中から1つ選びなさい。

a) 여행사 직원은 손님에게 여행을 갈 때 도시락을 가져 오라고 말했다.
b) 손님은 직원이 설명한 여행 상품으로 정했다.

① a) ○、b) ×　　　　　　② a) ○、b) ○
③ a) ×、b) ○　　　　　　④ a) ×、b) ×

問4 対話文の内容と一致するものを①~④の中から1つ選びなさい。

① 산과 바다 모두 가려면 최소 삼일 이상 걸린다.
② 손님은 여행사에 혼자 왔으나, 친구와 구경하러 갈 것이다.
③ 손님은 산과 바다를 구경할 수 있는 여행을 갈 생각이다.
④ 예약은 반드시 전화로 해야 한다.

9 次の文を読んで、問1 ~ 問3 に答えなさい。

[各3点]

어제 모자와 바지를 사려고 친구와 함께 시내에 갔다. 모자는 바로 샀지만 바지는 몇 시간이나 가게를 구경했지만 결국 마음에 드는 게 없어서 안 샀다.

오늘 아침에 일어나려고 그러는데 머리가 아프고 목도 아팠다. 열도 났다. 어제 추운데 오랜 시간 밖에 있어서 감기에 걸렸나 보다. 감기약을 먹고 오늘 (①) 잠만 잤다. 깨어나 보니 몸은 조금 좋아졌다. 그러나 지금도 ②열이 안 내리기 때문에 병원에 갈까 한다.

問1 (①)に入れるのに最も適切なものを①~④の中から1つ選びなさい。

　　① 하루종일　　② 도저히　　③ 만약　　④ 이따가

問2 ② '열이 안 내리기 때문에'と意味が一番近いものを①~④の中から1つ選びなさい。

　　① 그다지 열이 없지만　　② 벌써 열이 내렸는데도
　　③ 아직 열이 있어서　　④ 열을 올릴 테니까

問3 本文の内容と一致するものを①~④の中から1つ選びなさい。

　　① 어제 가게에서 친구와 같이 바지를 샀다.
　　② 감기약을 먹었지만 열은 그대로였다.
　　③ 마음에 드는 바지를 골랐지만 안 샀다.
　　④ 목이 아파서 아침에 일찍 병원에 갔다왔다.

10 下線部の日本語訳として適切なものを①~④の中から1つ選びなさい。

[各1点]

1) 복잡한 기계를 다룰 줄 알아요?

　　① 扱うことができますか　　② 販売することができますか
　　③ 手に入れることができますか　　④ 直すことができますか

2) 좋든 싫든 시험 결과를 받아들일 수밖에 없다.

　　① 受け入れてはならない　　② 受け入れるかもしれない
　　③ 受け入れるしかない　　④ 受け入れることができない

3) 날이 새기 전에 서둘러 업무를 마치지 않으면 안 돼요.

　　① 日が暮れる前に　　② 昼夜を問わず
　　③ 夜が明ける前に　　④ お昼を過ぎる前に

11 下線部の訳として適切なものを①~④の中から1つ選びなさい。

[各1点]

1) 午後から雨が降るようなので外に干さないでください。

　　① 날지 마세요　　② 널지 마세요
　　③ 덜지 마세요　　④ 닮지 마세요

2) この状態から考えて修理をしても直らないと思います。
   ① 이 상태에서 보려면   ② 이 상태부터 생각하고
   ③ 이 상태라고 생각해서   ④ 이 상태로 봐서

3) 髪の毛を伸ばそうか伸ばすまいかと考えています。
   ① 뻗거나 말거나 해요   ② 늘어날 듯 말 듯해요
   ③ 기르고 말고 해요   ④ 기를까 말까 해요

第1回　聞取問題

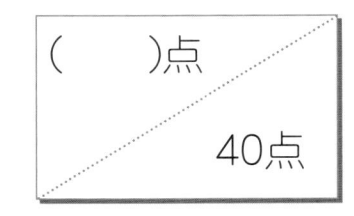

(　　)点

40点

解答はp40にあります。

1 1) (_____).　[各1点]

① 새롭기 때문에 장소를 알릴 수밖에 없다

② 시끄럽기 때문에 장소를 옮길 수밖에 없다

③ 실리기 때문에 장소를 오갈 수밖에 없다

④ 섭섭하기 때문에 장소를 아낄 수밖에 없다

2) (_____).

① 정리가 좋아서 발표할 수 있던데요

② 자리가 작아서 편리할 수 있대요

③ 종류가 적어서 편히 할 수 있네요

④ 자리가 좁아서 불편할 수 있대요

3) (_____).

① 무대에서 고려하다가 실시할 수 있어요

② 무리해서 고민하다 실천해 본 일이 있어요

③ 무대에서 공연하다가 실수한 적이 있어요

④ 무리해서 고르다가 실패할 수 있어요

2 1) _____　[各2点]

① _____　② _____　③ _____　④ _____

CD 6 2) _____

① _____ ② _____ ③ _____ ④ _____

CD 7 3) _____

① _____ ② _____ ③ _____ ④ _____

CD 8 4) _____

① _____ ② _____ ③ _____ ④ _____

CD 9 **3** 1) _____ [各2点]

① _____

② _____

③ _____

④ _____

CD 10 2) _____

① _____

② _____

③ _____

④ _____

CD 11 3) _____

① _____

② _____

③ _____

④ _____

4)
　①
　②
　③
　④

4 1)　　　　　　　　　　　　　　　　　　　　　　[各1点]
　① 2カ月になってから
　② 読むものを買ってから
　③ 1階で考えてから
　④ これを使ってから

2)
　① 降りました
　② 終わりました
　③ 外に出ました
　④ 味見をしました

3)
　① 砂の上を走るつもりです
　② 門を閉めないでほしいです
　③ 店を畳むそうです
　④ 水を持っていけます

5 1) 主人公の役割のため髪を切りました。　　　　　[各3点]
　①
　②
　③
　④

2) 今回の工事は任せるつもりです。

①
②
③
④

3) あまりにも感動して涙が出るところでした。

①
②
③
④

4) 先輩と後輩をはじめ、多くの関係者たちが訪ねて来てくれた。

①
②
③
④

6 1) ──────────────────────── [各3点]

① 오늘부터 방학이 시작되었다.
② 경수는 축구선수가 되고 싶어한다.
③ 내일 수업이 끝나고 축구 대회가 열린다.
④ 경수는 내 앞 자리에 앉은 친구다.

2)

① 친구는 호랑이가 무섭다고 말하면서 울었습니다.
② 어제 동물원에는 혼자 갔습니다.
③ 동물원에는 호랑이를 보려고 사람들이 많이 왔습니다.
④ 동물원 버스 안에서 호랑이 사진을 못 찍었습니다.

第2回 筆記問題

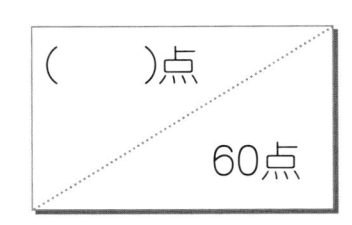

( )点 / 60点

解答はp43にあります。

1 下線部を発音どおり表記したものを①~④の中から1つ選びなさい。

[各1点]

1) 책은 못 읽었지만 제목은 알아요.
 ① 몬일걷치만   ② 몬닐걷찌만
 ③ 몯일걷찌만   ④ 몬닐꺼치만

2) 부엌일만 끝내고 나갈게요.
 ① 부억닐   ② 부언길   ③ 부엉닐   ④ 부엄닐

3) 모든 문제를 알아맞혔다.
 ① 아라맏쳤다   ② 아라맏텨따   ③ 아라마쳔따   ④ 아라마텼타

2 ( )の中に入れるのに適切なものを①~④の中から1つ選びなさい。

[各1点]

1) 일주일 정도의 시간을 주시면 새로운 작업을 ( ) 있어요.
 ① 익힐 수   ② 묶을 수   ③ 식을 수   ④ 얇을 수

2) 그 사람은 ( ) 나의 친구이다.
 ① 얼마만큼   ② 우는 소리   ③ 꽃을 피우며   ④ 둘도 없는

3) A : 사장님이 아까부터 계속 찾으셨어요. 얼른 사장실에 가 보세요.
 B : ( ) 지금 막 사장님을 뵙고 오는 길이에요.
 ① 가끔가다가   ② 그렇다고

③ 저번에 ④ 그러잖아도

4) 한 달 전부터 그 사람 소식을 (　　)이 빠지게 기다리고 있다.
① 눈길　② 입술　③ 침묵　④ 목

5) A : 몹시 (　　) 보이네요.
B : 너무 바빠서 점심도 못 먹고 일을 했거든요.
① 맺어　② 지쳐　③ 닿아　④ 가려

3 下線部と意味が最も近いものを①～④の中から1つ選びなさい。

[各2点]

1) 그 약국은 전달에 다른 데로 옮겼다.
① 부딪혔다　② 이어받았다　③ 흩어졌다　④ 이사했다

2) 아직 남아 있는 일을 다하고 식사를 하겠어요.
① 살피고　② 키우고　③ 끝내고　④ 합치고

3) 병원에서 계속 치료를 받으면 점차 나아질 거예요.
① 서서히　② 여전히　③ 게다가　④ 틀림없이

4) 선물이니까 예쁘게 담아 주세요.
① 싸　② 빼　③ 쌓여　④ 쪄

5) 얼마만큼 음식을 차리면 부족하지 않을까요?
① 줄어들까요　② 충분할까요　③ 떠오를까요　④ 모실까요

4 (　　)の中に入れるのに適切なものを①～④の中から1つ選びなさい。

[各2点]

1) A : 여기에 오이를 심어 보고 싶어요.
B : 흙이 좋아서 어떤 야채를 (　　) 잘 자랄 거예요.
① 심고　② 심든　③ 심은　④ 심자

2) A : 어제 유명한 음식점에 가서 갈비탕을 먹고 왔어요.
B : 그래요? (　　).
A : 네, 소문대로 맛이 좋았어요.

① 맛있을 테니까 　　　　　　　　② 맛있었던 것 같아요

③ 맛있었는데도 　　　　　　　　④ 맛있었겠네요

3) 한국 영화와 드라마를 (　　) 한국 문화를 조금씩 이해할 수 있게 되었다.

① 통해서　　　② 한해서　　　③ 반해서　　　④ 있어서

4) A : 이 반찬에 고춧가루를 더 (　　) 해요.

B : 매운 것을 좋아하는군요.

① 넣다가　　　② 넣더라도　　　③ 넣었으면　　　④ 넣는데도

5) (　　) 일부러 와 주어서 고마워요.

① 바쁘려면　　　② 바쁘니　　　③ 바쁜데도　　　④ 바쁘다면

5 ①～④の中から間違っているものを1つ選びなさい。

[各1点]

1) 목소리가 떨려서 틀려 뻔했다.
　　 ①　　　②　　③　　④

2) 계획에다 모든 일이 진행되었으면 좋겠어요.
　　 ①　　　　②　　　③　　　　　④

6 対話文を完成させるのに適切なものを①～④の中から1つ選びなさい。

[各1点]

1) A : 말하고 있는데 왜 갑자기 장소를 바꾸려고 하세요?

B : (　　) 다른 데로 옮기는 것이 좋겠어요.

① 이미 바꾸었지만 잘 어울려서

② 우리가 마주앉아서 말하고 싶은데도

③ 사고 싶은 의자가 되게 부드러운 대신에

④ 이 자리는 너무 시끄러우니까

2) A : 대단해요. 어려운 문제를 정확히 알아맞히네요.

B : (　　)

① 밖이 시끄러운데 무슨 문제가 생겼나 봐요.
② 이쪽 분야에 특히 관심이 많아서요.
③ 시간이 아까워서 사먹고 들어왔어요.
④ 시험 날짜를 깜빡해서 무릎을 쳤어요?

3) A : 요즘 자꾸 손님이 줄어서 머리가 무거워요.
　　B : 서비스의 질도 더욱 (　　).
　　① 높이기는요　　　　② 높이더라도
　　③ 높여야지요　　　　④ 높이거나 말거나

4) A : 이 음식점을 권하는 이유는 뭐예요?
　　B : (　　) 반찬의 종류가 풍부해서요.
　　① 가격에 비해　　　② 가격에 지나지 않게
　　③ 가격에 대하여　　④ 가격을 위해서

7 下線部の漢字のハングル表記が違うものを①～④の中から１つ選びなさい。

[各1点]

1) ① 主題　　② 提供　　③ 対策　　④ 除外

2) ① 過程　　② 伝統　　③ 情報　　④ 整理

3) ① 委員　　② 公園　　③ 院長　　④ 原因

8 対話文を読んで 問1 ～ 問3 に答えなさい。

[各3点]

A : 인수 씨 시험 어떻던가요?
B : 글쎄요. 휴.
A : 왜 한숨을 쉬어요? 생각보다 문제가 ①쉽게 나온 것 같던데요.
B : 최근 아침에 못 일어나서 서너 번 수업을 결석했는데 그때의 수업 내용이 문제에 나온 것 같아요.
A : 안타깝네요. 그래서 아까 좀 불안한 표정이었군요.
B : 네. 시험에서 맞춤법은 배운대로 잘 풀었는데, 역시 결석한 문법 부분은 잘 모르겠더라구요.

A : (②) 마침 인수 씨가 안 나왔을 때 문법 중심의 수업이었네요.

B : 예습복습도 중요하지만 역시 수업시간에 집중해서 듣는 것이 중요한 거 같아요.

A : 너무 걱정하지 마시고 힘내세요.

問1 ① '쉽게 나온 것 같던데요'と同じ意味のものを①～④の中から1つ選びなさい。

① 안 어렵게 느껴졌어요
② 쉬웠으면 좋겠어요
③ 어려울 지도 몰라요
④ 쉬울 수 밖에 없어요

問2 (②)に入れるのに最も適切なものを①～④の中から1つ選びなさい。

① 그렇다고해서   ② 그러고보니까   ③ 그래도   ④ 그리하여서

問3 対話文の内容と一致するものを○、一致しないものを×とした場合の正しい組み合わせはどれか、①～④の中から1つ選びなさい。

a) 인수 씨가 결석한 수업은 맞춤법에 대한 수업이었다.
b) 인수 씨는 문법 부분의 시험문제에 대해서 걱정하고 있다.
① a) ○、b) ○
② a) ○、b) ×
③ a) ×、b) ×
④ a) ×、b) ○

9 次の文を読んで、問1～問4に答えなさい。

[各2点]

<안내문>

알립니다. 9월7일부터 이틀간 A병원에서 B은행까지의 도로를 공사합니다. 이번 공사는 도로를 넓게 하는 공사입니다. 공사 기간에는 길이 좁아지기 때문에 사람만 지나갈 수 있습니다.

(①) 차가 다니는 길은 ②이용할 수 없으니 운전자께서는 이해해 주시기 바랍니다.

차로 A병원과 B은행에 가실 때에는 오른쪽의 길로 돌아서 가십시오. 불편을 드려 죄송합니다.

問1 本文の内容と一致するものを①～④の中から1つ選びなさい。
　　① 지금까지 B은행에는 차를 세울 수 없었다.
　　② 공사 기간은 길이 좁아서 차는 다른 길로 가야 한다.
　　③ 공사 기간에는 차로 A병원까지 갈 수 없다.
　　④ 공사 전에는 B병원 주위의 도로가 넓었다.

問2 （　①　）に入れるのに最も適切なものを①～④の中から1つ選びなさい。

　　① 과연　　　　② 앞서　　　　③ 훨씬　　　　④ 따라서

問3 ②'이용할 수 없으니'と意味が一番近いものを①～④の中から1つ選びなさい。

　　① 이용할 테니까　　　　　　② 이용은 못하는데도
　　③ 이용을 못하니까　　　　　④ 이용할 뿐 아니라

問4 工事の期間、車でB銀行まで行くにはどうすればいいですか。最も適切なものを①～④の中から1つ選びなさい。
　　① 차로 B은행에 갈 수 없다.
　　② A병원에서 차를 세우고 걸어서 가야 한다.
　　③ 오른쪽으로 돌아서 가야 한다.
　　④ A병원에서 왼쪽으로 가면 길이 있다.

10 下線部の日本語訳として適切なものを①～④の中から1つ選びなさい。
[各1点]

1) 손님은 갑자기 성을 내면서 큰소리를 쳤다.
　　① 悔しいと感じながら　　　　② 腹を立てながら
　　③ 人を困らせながら　　　　　④ 感心しながら

2) 더욱 힘들어지기 전에 여기서 손을 떼는 것이 좋아요.
　　① 手入れをするのがいいです
　　② 手に入れるのがいいです
　　③ 手につくのがいいです
　　④ 手を引くのがいいです

3) 옷이 눈에 띄어서 금방 알아낼 수 있었다.

① 知っているふりをした　　　② 見分けるかもしれない

③ 知らなければならない　　　④ 見分けることができた

11 下線部の訳として適切なものを①～④の中から１つ選びなさい。

[各1点]

1) 見たことがないものでいっぱいでした。

① 구경도 못한　　　　② 눈길을 피하지만

③ 볼 수 없는데도　　　④ 보거나 말거나

2) とても気になったけれど聞くのを我慢しました。

① 포함했지만　　　　② 궁금했지만

③ 기울였지만　　　　④ 머물렀지만

3) その商品を見せてもらえませんか。

① 봐 주었으면 해요?　　　② 보여 주면 안 돼요?

③ 보이는 건 안 돼요?　　　④ 보여서는 안 돼요?

第2回 聞取問題

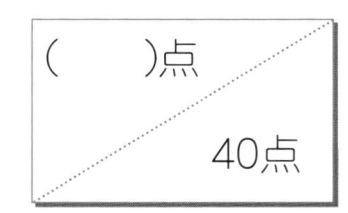

( )点 / 40点

解答はp45にあります。

1 1) 그걸 한꺼번에 (　　　　　　　　　　). [各1点]
　① 단 주말에 하느냐고 그러더군요
　② 다 주문하느냐고 그러던데요
　③ 더 추느냐고 그러셨어요
　④ 춤은 물론이고 노래도 잘하던데요

2) 국물이 뜨거워요. (　　　　　　　) 안됩니다.
　① 시원하지 않으면
　② 싱겁다고 그러면
　③ 시큰거리지 않으려면
　④ 식히지 않으면

3) (　　　　　　　　　　). 깨질 수 있거든요.
　① 이곳도 마치 얼은 것 같아요
　② 이 콧물 나오는 거 있지요
　③ 이 꽃병 만지면 안돼요
　④ 이 꽃 변함없이 있네요

2 1) ＿＿＿＿＿＿＿＿＿＿＿＿＿ [各2点]
　① ＿＿＿　② ＿＿＿　③ ＿＿＿　④ ＿＿＿

2)　_____
　　① _____　② _____　③ _____　④ _____

3)　_____
　　① _____　② _____　③ _____　④ _____

4)　_____
　　① _____　② _____　③ _____　④ _____

3 1)　_____　[各2点]
　　① _____
　　② _____
　　③ _____
　　④ _____

2)　_____
　　① _____
　　② _____
　　③ _____
　　④ _____

3)　_____
　　① _____
　　② _____
　　③ _____
　　④ _____

CD 32
4) _____

① _____
② _____
③ _____
④ _____

CD 33
4 1) _____ [各1点]

① 種類だけでも
② 良いだけでなく
③ 紙を用意しないで
④ 良いはずなのに

CD 34
2) _____

① 広告を延ばしてから
② 空間を塞いでから
③ もうすぐ公演を結ぶから
④ 公演を任せてから

CD 35
3) _____

① 先に注文だけでもします
② 外食しようかと思います
③ 安いものを食べようと思います
④ 買いに行ったと思います

CD 36
5 1) 会えなくて残念だそうです。 [各3点]

① _____
② _____
③ _____
④ _____

2) お客さんの料理を準備するから安心して下さい。

　　① _____
　　② _____
　　③ _____
　　④ _____

3) にんにくが足りないはずがないです。

　　① _____
　　② _____
　　③ _____
　　④ _____

4) 競技の前に選手たちに注意しなければならない規則について説明した。

　　① _____
　　② _____
　　③ _____
　　④ _____

6 1) _____ [各3点]
_____
_____

　　① 여성용 가방은 항상 싸게 판매할 예정입니다.
　　② 일 층에서 여섯 시까지 구두를 싸게 팝니다.
　　③ 여성용 구두와 가방은 다른 층에 있습니다.
　　④ 저녁 한 시간동안 이 층의 상품을 싸게 살 수 있습니다.

2) ─────────────────────────────────
   ─────────────────────────────────
   ─────────────────────────────────   *초등학교(小学校)

① 작은딸은 지금 초등학교에 다닙니다.
② 큰딸은 지금 중학교 3학년입니다.
③ 중학교가 가까워서 작은딸은 늦게 일어납니다.
④ 큰딸과 작은딸은 수업이 끝나면 같이 돌아옵니다.

第3回 筆記問題

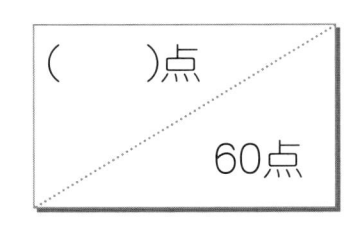

( )点 / 60点

解答はp48にあります。

1 下線部を発音どおり表記したものを①〜④の中から1つ選びなさい。

[各1点]

1) 아까워서 못 없앴다.
　① 모섭샌따　　　　　　　　② 몬넙쌔따
　③ 몬업샜따　　　　　　　　④ 모덥쌘따

2) 큰일이 났어요.
　① 큰닐　　　② 클릴　　　③ 큰릴　　　④ 클닐

3) 여행지에 도착한 첫날밤부터 비가 계속 왔다.
　① 청날밤　　　　　　　　② 천날빰
　③ 천날빰　　　　　　　　④ 첫난밤

2 ( )の中に入れるのに適切なものを①〜④の中から1つ選びなさい。

[各1点]

1) 그는 배가 불러서 남은 요리는 못 먹겠다고 고개를 (　　) 거절했다.
　① 새기며　　② 여기며　　③ 저으며　　④ 참으며

2) 직접 해 보니까 생각보다 힘들다는 것을 (　　) 느낄 수 있었다.
　① 고개만큼　② 피부로　　③ 기분이나　④ 무릎으로

3) A : 그는 어제 파티에서 모르는 사람이 없었대요.
　B : 정말 발이 (　　) 같아요.
　① 굵은 것　　② 넓은 것　　③ 짙은 것　　④ 겪은 것

4) (　　) 이 마음은 변하지 않을 거예요.

① 뜻하지 않고　　② 답답히　　③ 백날이 가도　　④ 그럴듯하면서

5) 오랜만에 그 사람을 만나자 그는 목이 (　　) 아무 말도 못했다.

① 스쳐　　② 메어　　③ 막아　　④ 덮어

3 下線部と意味が最も近いものを①〜④の中から1つ選びなさい。

[各2点]

1) 마음에 든 거 하나 고르세요.

① 찾으세요　　② 주문하세요　　③ 고치세요　　④ 선택하세요

2) 그 요리를 너무 오래 밖에 놓으면 상할 수 있어요.

① 뽑을　　② 식힐　　③ 썩을　　④ 익을

3) 고추장과 같이 밥과 나물을 섞어서 드시면 돼요.

① 쪄서　　② 쏟아서　　③ 비벼서　　④ 부어서

4) 테스트에서 오직 한 사람만 합격했어요.

① 전　　② 퍽　　③ 즉　　④ 단

5) 정말 힘든 시기를 참으면서 열심히 노력을 했군요.

① 갚으면서　　② 견디면서　　③ 빠지면서　　④ 채우면서

4 (　　)の中に入れるのに適切なものを①〜④の中から1つ選びなさい。

[各2点]

1) 여러분, 일기예보를 들으니까 내일부터 비가 많이 (　　).
아침에 조심해서 오세요.

① 내리던데요　　② 내린답니다　　③ 내리기는요　　④ 내려야지요

2) A : 버스 정류장에 가고 싶은데 길을 모르겠어요. 길 좀 (　　)?
B : 길이 좀 복잡하니 제가 정류장까지 안내해 드릴게요.

① 가르치지 않으면 안 돼요　　② 가르쳐 보고 싶어요
③ 가르쳐 주면 안 돼요　　④ 가르쳐서는 안 돼요

3) 오이김치를 (   ) 오이, 고춧가루와 마늘 이외에 또 어떤 재료가 필요해요?

① 담그지만　　② 담그려면　　③ 담그다가　　④ 담그며

4) A : 텔레비전이 고장이 (   ). 소리가 안 들려요.
　 B : 손님, 그러면 일 층의 서비스 카운터로 가지고 가세요.
　 ① 난 것 같아요　　　　　　② 날까 해요
　 ③ 났으면 해요　　　　　　④ 날 뿐이에요

5) 오늘부터 옆 가게의 공사를 시작합니다. 공사는 나흘 동안 계속됩니다.
　 좀 (   ) 이해해 주십시오.
　 ① 시끄럽든지　② 시끄럽다가　③ 시끄럽던　④ 시끄럽더라도

5 ①～④の中から間違っているものを1つ選びなさい。
[各1点]

1) 지각했는 같으면 미리 전화를 해 주세요.
　　　① 　　② 　　③ 　　④

2) 차려 놓은 음식이 식는 전에 얼른 드세요.
　　　① 　　② 　　③ 　　④

6 対話文を完成させるのに適切なものを①～④の中から1つ選びなさい。
[各1点]

1) A : 이 양복은 질이 아주 좋아요. 만져 보세요.
　 B : (   ).
　 ① 싱겁지만 시네요
　 ② 얇고 부드럽네요
　 ③ 답답하면서 안타까워요
　 ④ 부끄럽고 짐스럽군요

2) A : 아까는 (   )
　 B : 조사할 것이 많아서 그래요.
　 ① 정신을 잃을 수 없어요?

② 정신을 차릴 듯 말 듯한데요.

③ 정신이 없어 보이던데요.

④ 정신이 없지 않으면 안 되죠?

3) A : 회사에서 바로 온 것 같군요.

   B : 아뇨, (　　) 왔어요.

   ① 공항에서 손님을 기다리겠고

   ② 그 선배와는 좀 거리가 멀어서

   ③ 출근 시간이라서 너무 길이 막히면

   ④ 책방에 잠시 들렀다가

4) A : 옛 사진을 보니 많은 일이 생각이 나는가 봐요.

   B : 지난날의 기억이 (　　　).

   ① 머리를 길렀어요　　　　　② 본을 받고 싶어요

   ③ 머리를 스치네요　　　　　④ 잘못을 저지르면 안 돼요

7 下線部の漢字のハングル表記が違うものを①~④の中から1つ選びなさい。

[各1点]

1) ① <u>単</u>純　　② 手<u>段</u>　　③ <u>担</u>任　　④ <u>団</u>体

2) ① <u>預</u>金　　② <u>余</u>裕　　③ <u>例</u>文　　④ <u>芸</u>術

3) ① <u>自</u>由　　② <u>維</u>持　　③ 主<u>要</u>　　④ 余<u>裕</u>

8 次の文を読んで、問1~問3 に答えなさい。

[各3点]

　오늘 신문에서 어느 축구 선수에 대한 기사를 읽었다. 현재 프로팀에서 뛰고 있는 강민호라는 선수에 대한 이야기였다. 강선수는 몇 년 전 시합 중에 상대 선수와 부딪혀 다리를 다쳤다. 그는 큰 수술을 하였다. 그리고 ①축구를 못할지도 모른다는 의사의 말이 있어, 모두 그가 축구를 그만둘 것이라고 생각했었다.

　하지만 그는 일 년 동안 열심히 치료를 받았고 치료 후에는 언젠가 다시 경기에 나갈 수 있다고 믿으며 혼자서 매일 연습하였다. (　②　) 그는 다시 팀에 돌아올 수 있었

고, 지금도 축구 선수로 뛰고 있다. 연습과 노력이 가장 중요하다고 하며 오늘도 그라운드에서 땀을 흘리고 있다.

問1 ① '축구를 못할지도 모른다'と同じ意味のものを①〜④の中から1つ選びなさい。

① 축구를 못할 리 없다　　　② 경기에 나갈 수밖에 없다
③ 경기에 나간 적이 있다　　④ 축구를 못할 수 있다

問2 (②)に入れるのに最も適切なものを①〜④の中から1つ選びなさい。

① 마침내　　② 너무나　　③ 만약　　④ 마치

問3 本文の内容と一致するものを○、一致しないものを×とした場合の正しい組み合わせはどれか、①〜④の中から1つ選びなさい。

a) 강민호 선수는 벽에 부딪히더라도 희망을 버리지 않았다.
b) 강민호 선수는 다리를 다쳐서 축구를 그만둘 수밖에 없었다.
① a) ○、b) ○　　　　　② a) ○、b) ×
③ a) ×、b) ×　　　　　④ a) ×、b) ○

9 次の文を読んで、問1 〜 問4 に答えなさい。

[各2点]

저희 상품을 사 주셔서 정말 감사드립니다. 그럼 저희 제품의 특징에 대해서 말씀드리겠습니다.

첫째, 이 제품은 사용해도 아주 조용하다는 것입니다. 전의 것은 소리가 시끄럽다는 (①)들의 불만이 있었기에 회사 내에서 연구 분석을 하였습니다. 그리고 마침내 조용한 세탁기를 개발할 수 있었습니다.

둘째, 전기를 아낄 수 있다는 것입니다. 새로운 기능을 개발하여 옛날 것보다 훨씬 전기를 아낄 수 있습니다. 게다가 빨래를 할 양에 따라 물의 양을 자동으로 정해주니까 물도 아낄 수 있습니다.

셋째, 특히 목욕수건과 같은 커다란 것도 빨리 마른다는 겁니다. 전의 세탁기는 큰 세탁물이 좀 덜 마른다는 고객들의 의견이 많았습니다. 그러나 이 세탁기를 사용하면 큰 세탁물을 많이 넣어도 모두 마를 거예요.

여러분들의 집안일에 ②도움이 되었으면 합니다. 만약 고장이 나면 전국에 서비스

점이 있으니 바로 연락을 주세요.

問1 (①)に入れるのに最も適切なものを①~④の中から1つ選びなさい。

① 후배　　　② 상대방　　　③ 소비자　　　④ 대표자

問2 ② '도움이 되었으면 합니다'と意味が一番近いものを①~④の中から1つ選びなさい。

① 도움이 되기를 바랍니다　　　② 도움이 될 듯 말 듯합니다
③ 도움이 될 수밖에 없습니다　　④ 도움이 되는 것 같습니다

問3 この洗濯機の特徴ではないのはどれですか。①~④の中から1つ選びなさい。

① 전기비가 전에 비해 적게 나온다.
② 빨래를 할 때 안 시끄럽고 조용한 세탁기다.
③ 빨랫감이 적어도 물이 많이 사용된다.
④ 큰 수건도 금방 말라서 편하다.

問4 本文の内容と一致するものを①~④の中から1つ選びなさい。
① 이 세탁기를 사용하면 옛날 것보다 전기비가 더 비싸다.
② 수건이 잘 마르려면 이 세탁기에 빨랫감을 조금 넣어야 한다.
③ 이 세탁기로 빨래를 할 때 비누는 안 넣어도 된다.
④ 이 회사는 세탁기 이용자의 의견을 적극적으로 받아들인다.

10 下線部の日本語訳として適切なものを①~④の中から1つ選びなさい。

[各1点]

1) 옆 사람 눈치 보지 말고 자신의 생각에 대해 말해 보세요.
　① 目を向けないで　　　　② 顔色をうかがわないで
　③ 理性を失わないで　　　④ 目で合図をしないで

2) 그는 환경 문제에 대하여 입을 떼었다.
　① 言葉を止めた　　　　② 口が重い
　③ 話を始めた　　　　　④ 口が軽い

3) 그 사실을 듣고도 그는 펄쩍뛰며 <u>시치미를 떼었다</u>.
   ① じっとしていた　　　　　　② 気分がすぐれなかった
   ③ 知らない振りをした　　　　④ 感情がこみあげてきた

⓫ 下線部の訳として適切なものを①〜④の中から１つ選びなさい。

[各1点]

1) もし変更になった場合は、まず電話で<u>知らせてくれたらと思います</u>。
   ① 알아 주시면 좋겠는데요　　② 알아 주어서 좋은데요
   ③ 알려 주었으면 해요　　　　④ 알려 주어서 좋게 생각해요

2) <u>この細い道に沿って</u>まっすぐ行ってください。
   ① 이 넓은 길을 비롯한　　　　② 이 좁은 길을 따라서
   ③ 이 넓은 길에 한해서　　　　④ 이 좁은 길에 비해서

3) <u>しないはずがないのに</u>、おかしいですね。
   ① 안 할 리가 없는데　　　　　② 안 할 수밖에 없는데
   ③ 안 할 뿐만 아니라　　　　　④ 안 할지도 모르는데

第3回　聞取問題

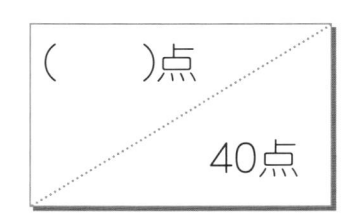

(　　)点

40点

解答 はp50にあります。

1 1) (　　　　　　　　　　　　　　　　　　). ［各1点］

① 그리고 보니까 새로 담근 것 같아요

② 그러고 보니 서로 닮은 것 같아요

③ 그러므로 봄이니 새로 달려보고 싶어요

④ 그러니 보면 서로 닮을 것 같아요

2) 여름이니 반찬 (　　　　　　　　　　　).

① 식히지 않는다면 냉장고에 놓아 두세요

② 사먹지 않으려면 냉장고에 나눠 두세요

③ 쌓이려고 그러면 냉장고에서 꺼내 두세요

④ 상하지 않게 하려면 냉장고에 넣어 두세요

3) 그 약속을 (　　　　　　　　　　　　　).

① 갔다올 일이 있겠죠

② 깜빡할 리가 없겠죠

③ 갑자기 할 리가 없어요

④ 깜짝 놀라겠지요

2 1) ＿＿＿＿＿＿＿＿＿＿＿＿＿＿＿＿＿＿＿＿＿＿＿＿＿＿　［各2点］

① ＿＿＿＿＿　② ＿＿＿＿＿　③ ＿＿＿＿＿　④ ＿＿＿＿＿

2) ＿＿＿＿＿＿＿＿＿＿＿＿＿＿＿＿＿＿＿＿＿＿＿＿＿＿＿＿

① _____ ② _____ ③ _____ ④ _____

CD 47 3) _____

① _____ ② _____ ③ _____ ④ _____

CD 48 4) _____

① _____ ② _____ ③ _____ ④ _____

CD 49 **3** 1) _____ [各2点]

① _____

② _____

③ _____

④ _____

CD 50 2) _____

① _____

② _____

③ _____

④ _____

CD 51 3) _____

① _____

② _____

③ _____

④ _____

CD 52 4) _____

① _____

② _____

③ _____

④ _____

4 1) _____ ［各1点］

① 言うまでもないです

② 言葉も出ないですね

③ 話にならないです

④ 話を始めます

2) _____

① 夜でも

② いつも

③ 夜だけ

④ いつか

3) _____

① しばらく起きていたら

② いつも寝る前に本を読んだら

③ 一眠りをして起きたら

④ 疲れてすぐ寝ていたら

5 1) この時間には道が混むかもしれません。 ［各3点］

① _____

② _____

③ _____

④ _____

2) 歳は数字に過ぎないといいます。

① _____

② _____

③ _____

④ _____

3) 唐辛子粉が足りなくてキムチを漬けられないところでした。

① _____

② _____

③ _____

④ _____

4) 食べ物が冷めるかと思ってお客さんが来られる前に作りました。

① _____

② _____

③ _____

④ _____

6 1) _____ [各3点]

_____

_____

① 요즘 신제품을 개발하기 때문에 바쁘다.

② 육 개월 전부터 신제품의 텔레비전 광고가 나오고 있다.

③ 새로운 제품은 육 개월 후에 판매된다.

④ 인기가 있는 신제품은 먼저 라디오에 광고를 할 것이다.

2) _____

_____

_____

① 어제 늦게까지 경아와 만나서 이야기를 했다.
② 어제 경아는 자신의 고민을 전화로 이야기했다.
③ 경아에게 일에 대해서 물어보려고 전화했다.
④ 경아는 항상 밤 늦게까지 일을 해서 어제 통화를 못했다.

模擬試験・解答

〈第1回〉筆記 解答

1 1) 正解③ 手招きしたけれど
   2) 正解② 開けられなかったのに
   3) 正解④ 知らせられなかった

2 1) 正解① それほど美しい景色は今まで見たことがなかったです。
   2) 正解④ 隣の人と話さないで私の言葉に耳を傾けてください。
   3) 正解① A：私がゲームで勝ったので約束どおり食事をおごってください。
   B：分かりました。何食べたいですか。
   4) 正解② 胸が苦しいのでしばらく気晴らしに出かけて来ますよ。
   5) 正解③ A：あの選手はかなり幼くみえますね。
   B：ああ見えても昨年世界大会で一等をとった選手です。

3 1) 正解③ 夕方の練習は1時間後に延ばしました。
   2) 正解② 窓の外に海が見える部屋に泊まりたいです。
   3) 正解② 朝は道が大変混むのでむしろ夜明けに出発するのがいいでしょう。
   4) 正解② 道に雪がたくさん積っているので気をつけて車を運転しなければなりません。
   5) 正解④ ここに立っていないで一番前に席があるのでそこに座ってください。

4 1) 正解② 夕食後には本を読んだり宿題をします。
   2) 正解④ A：先程お皿を洗ってコップを割るところでした。
   B：気をつけなければならないでしょう。
   3) 正解② A：すみません。この靴より少し小さいもの履いてみたいですが。
   B：お客様、申し訳ありません。品切れになりました。
   4) 正解③ A：最近映画見たことがありますか。週末に映画見ようかとしますがどんなものがいいでしょうか。
   B：さあ、最近時間がなくて見られなかったですが。
   5) 正解② 前からみたかった演劇を今日の夕方にみることになって嬉しいです。

5 1) 正解② 会いたくて、通り過ぎるついでにちょっと立ち寄ってみました。 지나가는 길에
   2) 正解③ 大衆たちは人気俳優の生活について知りたがります。
   생활에 관해

6 1) 正解① A：急な用事ができたのですぐ行って来ます。
   B：急いで来なくてもいいです。
   2) 正解② A：今週は今年に入って一番暑いようです。
   B：そう考えてみると先週よりずっと暑くなりましたね。

3)正解③　A：切符を買うにはどの方向に行かなければなりませんか。
　　　　　B：私もちょうどそちらに行くのでついて来てください。
4)正解②　A：中学生以下はこの体育館を無料で利用できるそうです。
　　　　　B：だからなのか、いつも子供たちが多かったですね。

7　1)正解④　자세(姿勢)
　2)正解②　환경(環境)
　3)正解③　역할(役割)

8　A：いらっしゃいませ。国内と海外のどちらを予定していますか
　B：国内旅行です。一泊二日程度の短い旅行です。
　A：今、秋の季節なので山に登るのはどうですか。
　B：はい、山に登ろうかと思っています。
　A：いくつもの旅行商品がありますが、この商品を特に勧めたいです。
　B：特別な理由でもありますか。
　A：はい、これは最近出た新商品ですが、二日間の計画で、山に登って静かな海にも立ち寄って来る旅行なのですよ。景色がとても美しい観光地です。その上、山の上で召し上がるように弁当も準備いたします。
　B：そうですか。いいですね。同じ値段であれば、山と海二つとも行くのがいいです。いつまで予約すればいいですか。
　A：旅行に出る三日前までインターネットや電話で予約されるといいです。
　B：私一人で行くので今すぐ予約しますよ。

　A：ありがとうございます。紅葉(赤くて黄色く変わった木の葉)がきれいでしょう。いい旅行になることを願います。

問1　正解②　　　　問2　正解④
問3　正解③
a)旅行社の職員はお客さんに旅行に行く時弁当を持って来るようにと言いました。
b)お客さんは職員が説明した旅行商品で決めました。
問4　正解③　お客さんは山と海を見物できる旅行に行くつもりだ。

9　昨日帽子とズボンを買うために友達と一緒に市内に行った。帽子はすぐ買ったけれど、ズボンは何時間も店を見物したが結局気に入るものがなくて買わなかった。
　今朝起きようとしたが頭が痛くてのども痛かった。熱も出た。昨日寒いのに長い時間外にいたので風邪をひいたようだ。風邪薬を飲んで一日中寝るばかりだった。起きてみると体は少しよくなった。しかし、今も熱が下がらないので病院に行こうかと思う。

問1　正解①
問2　正解③　まだ熱があるので
問3　正解②　風邪薬を飲んだが熱がそのままだった。

10　1)正解①　複雑な機械を扱うことができますか
　2)正解③　よくてもいやでも試験結果を受け入れるしかない。
　3)正解③　夜が明ける前に急いで業務を終えなければなりません。

11 1)正解②　　2)正解④　　3)正解④

〈第1回〉聞取 解答

1 短い文を2回読みます。その文を正しく表記したものを①〜④の中から1つ選んでください。

1)**正解②** 소란스러우니 장소를 옮길 수밖에 없다.(騒がしいので場所を移すしかない。)

2)**正解④** 자리가 좁아서 불편할 가능성이 있다고 합니다.(席が狭くて不便である可能性があるそうです。)

3)**正解③** 무대에서 공연하다 미스한 적이 있습니다.(舞台で公演してミスしたことがあります。)

2 説明文を2回ずつ読みます。引き続き①〜④の選択肢も2回ずつ読みますので、答えとして適切なものを1つ選んでください。

1)**正解②** 햇빛이 안 드는 곳을 말합니다.(日差しが入らないところを言います。)
　①바위(岩)　　②그늘(日陰)
　③파도(波)　　④무게(重さ)

2)**正解③** 호랑이나 말에는 이것이 있지만 나비에는 없다.(虎や馬にはこれがあるが蝶にはない。)
　①날개(羽)　　②벌레(虫)
　③꼬리(しっぽ)　　④알(卵)

3)**正解①** 국이나 찌개를 만들 때 이것에 물을 넣고 끓여요.(スープや鍋料理をつくる時これに水を入れて沸かします。)
　①냄비(鍋)　　②밥상(お膳)
　③냉장고(冷蔵庫)　　④바깥(外)

4)**正解④** 더운 여름에는 주스에 이것을 넣고 마십니다.(暑い夏にはジュースにこれを入れて飲みます。)
　①양파(玉ねぎ)　　②두부(豆腐)
　③마늘(にんにく)　　④얼음(氷)

3 問いかけの文を2回読みます。引き続き4つの選択肢も2回ずつ読みます。応答文として適切なものを①〜④の中から1つ選んでください。

1)**正解②** 어째서 그리 서둘러 가십니까?(どうしてそのように急いで行かれますか。)
　①아뇨, 급히 모실 수 있어요.(いいえ、急にお供することができます。)
　②기차 시간에 늦을 것 같아서요.(汽車の時間に遅れそうだからです。)
　③서서히 다가갈 수밖에 없어요.(徐々に近づいていくしかないです。)
　④지나가다가 문득 봤어요.(通り過ぎてふと見ました。)

2)**正解④** 쓰레기는 종류별로 나누어서 버려야 하죠?(ごみは種類別に分けて捨てなければならないでしょう。)
　①아뇨, 쓰레기통을 찾는 것 같아요.(いいえ、ごみ箱を探すようです。)
　②이 상점에는 휴지통의 종류도 다양하네요.(この商店にはごみ箱の種類も多様ですね。)
　③먼지가 많아서 청소하려고 했어요.(ほこりが多くて掃除しようと

しました。)
　　④네, 그래야 환경도 보호되지요.(はい、それでこそ環境も保護されるでしょう。)
3)**正解③** 외국인을 직접 만나서 이야기해 보니 어땠어요?(外国人に直接会って話してみたらどうでしたか。)
　　①외국인에게 한국의 전통요리를 소개해 보세요.(外国人に韓国の伝統料理を紹介してみてください。)
　　②여행이 힘들었겠지만 즐거운 경험도 많이 했겠네요.(旅行が大変だったでしょうけど楽しい経験もたくさんしたでしょうね。)
　　③생각보다 말이 잘 안 통해서 답답했어요.(思ったより言葉がうまく通じなくてもどかしかったです。)
　　④한국말을 공부하기 위해 일부러 자막을 안 보는데요.(韓国語を勉強するためにわざわざ字幕をみないのですが。)
4)**正解④** 이 청소기가 좀 이상해요. 한 번 봐 주었으면 하는데요.(この掃除機が少しおかしいです。一度みてくれたらと思うのですが。)
　　①신제품인데 싸게 판매를 하네요.(新製品なのに安く販売しますね。)
　　②손님이 찾으시는 청소기는 품절되었어요.(お客さんがお探しの掃除機は品切れになりました。)
　　③네, 너무 더러우니까 깨끗이 청소해 주세요.(はい、あまりにも汚いのできれいに掃除して下さい。)
　　④어디가 고장이 났는가 살펴 볼게요.(どこが故障したのか調べてみます。)

4 短い文を２回読みます。文の一部分の日本語訳として適切なものを①～④の中から１つ選んでください。
1)**正解④** [이걸 사용한 지] 아직 한 달도 안 지났어요.(これを使ってからまだ1カ月も過ぎていませんでした。)
2)**正解②** 일주일 동안의 배구 경기가 오늘로 [막을 내렸어요.](一週間のバレーボールの競技が今日で終わりました。)
3)**正解③** 다음달에 [문을 닫는대요.](来月に店を畳むそうです。)

5 ①～④の選択肢を２回ずつ読みます。下線部の訳として適切なものを１つ選んでください。
1)**正解③** 주인공 역할을 위하여 머리를 잘랐습니다.
　　①주인공 역할을 하는 대신에 머리를 잘랐답니다.(主人公の役割をするかわりに髪を切ったそうです。)
　　②주인의 역할이기 때문에 머리를 길렀습니다.(主人の役割なので髪を伸ばしました。)
　　③주인공 역할을 위하여 머리를 잘랐습니다.(主人公の役割のため髪を切りました。)
　　④주인의 역할을 하자면 머리를 길

러야 합니다.(主人の役割をしようと思えば髪を伸ばさなければならないです。)

2) **正解④** 이번 공사는 맡길 생각이에요.
- ① 이제 공연을 맺을 생각이에요.(もうすぐ公演を結ぶつもりです。)
- ② 이번 계획을 미룰 생각이에요.(今回の計画を延ばすつもりです。)
- ③ 이 공간은 막을 생각이에요.(この空間は塞ぐつもりです。)
- ④ 이번 공사는 맡길 생각이에요.(今回の工事は任せるつもりです。)

3) **正解④** 너무 감동해서 눈물이 나올 뻔했어요.
- ① 눈물이 나올지 몰라요.(涙が出るかもしれないです。)
- ② 눈물이 나올 뿐이에요.(涙が出るだけです。)
- ③ 눈물이 나와 버렸어요.(涙が出てしまいました。)
- ④ 눈물이 나올 뻔했어요.(涙が出るところでした。)

4) **正解②** 선배와 후배를 비롯하여 많은 관계자들이 찾아와 주었다.
- ① 선배와 후배를 따라서 많은 관광객들이 찾아 왔겠다.(先輩と後輩を追って多くの観光客たちが訪ねて来たでしょう。)
- ② 선배와 후배를 비롯하여 많은 관계자들이 찾아와 주었다.(先輩と後輩をはじめ、多くの関係者たちが訪ねて来てくれた。)
- ③ 선배와 후배를 통하여 많은 관계자들을 찾았다.(先輩と後輩を通じて多くの関係者たちを探した。)
- ④ 선배와 후배가 광고를 시작하여 많은 관광객들이 찾아와 주었다.(先輩と後輩が広告を始めて多くの観光客たちが訪ねて来てくれた。)

6 問題文を2回ずつ読みます。文章の内容に合うものを①〜④の中から1つ選んでください。

1) **正解②** キョンスはサッカー選手になりたがっている。

오늘부터 신학기가 시작되었다. 내 옆자리에 앉은 경수와 점심을 같이 먹었다. 경수는 축구를 좋아하고 매일 수업이 시작되기 전에 학교 운동장에서 축구 연습을 한다고 말했다. 경수의 꿈은 축구 선수가 되는 것이며, 다음달에 축구 대회가 있기 때문에 내일부터 수업 후에도 남아서 연습을 한다고 말했다.

(今日から新学期が始まった。私の隣の席に座ったキョンスと昼食を一緒に食べた。キョンスはサッカーが好きで毎日授業が始まる前に学校の運動場でサッカー練習をしていると話した。キョンスの夢はサッカー選手になることで、来月サッカー大会があるので明日から授業後も残って練習をすると言った。)

2) **正解③** 動物園には虎をみようと人々がたくさん来ました。

어제는 친구와 동물원에 갔습니다. 동물원에는 아이와 같이 온 가족이 많았습니다. 우리는 버스를 타고 호랑이를 보려고 한 시간 동안 줄을 서서 기다렸습니다. 많은 사람들이 호랑이를 보기 위해서 기다리고 있었습니다. 버스 안에는 호랑이를 가까이 보려고 창 유리에 다가가는 아이도 있었으나, 우는 어린이도 있었습니다. 우리들은 호랑이 이외에도 여러 동물들의 사진을 찍을 수 있어서 즐거웠습니다.

(昨日は友達と動物園に行きました。動物園には子供と一緒に来た家族が多かったです。私たちはバスに乗って虎をみようと1時間の間並んで待ちました。たくさんの人たちが虎をみるために待っていました。バスの中には虎を近くでみようと窓ガラスに近づいていく子供もいましたが、泣く子供もいました。私たちは虎以外にもいろいろな動物たちの写真を撮ることができて楽しかったです。)

〈第2回〉筆記 解答

1 1)正解② 本は読めなかったけれど題目はわかります。
2)正解③ 台所の仕事だけ終えて出ます。
3)正解③ すべての問題を当てました。

2 1)正解① 一週間程度の時間をくださると新しい作業を習うことができます。
2)正解④ その人はとても大切な私の友達である。
3)正解④ A：社長が先程からずっとお探しでした。すぐ社長室に行ってみてください。
B：そうでなくても、今まさに社長にお会いしてくるところです。
4)正解④ 1カ月前からその人の便りを首を長くして待っている。
5)正解② A：とても疲れてみえますね。
B：あまりにも忙しくて昼食も食べられなく仕事をしましたから。

3 1)正解④ その薬局は先月に違う所へ移転した。
2)正解③ まだ残っている仕事を終えてから食事をします。
3)正解① 病院で続けて治療を受けると徐々によくなるでしょう。
4)正解① プレゼントなのできれいに入れてください。
5)正解② どれぐらい食べ物を準備すれば不足しないでしょうか。

4 1)正解② A：ここにきゅうりを植えてみたいです。
B：土がいいのでどんな野菜を植えようとうまく育つでしょう。
2)正解④ A：昨日有名な飲食店に行ってカルビタンを食べて来ました。
B：そうですか。おいしかったでしょうね。
A：はい、噂のとおり味がよかったです。
3)正解① 韓国の映画とドラマを通して韓国文化を少しずつ理解できるようになった。
4)正解③ A：このおかずに唐辛子粉をもっと入れてほしいです。
B：辛いものが好きですね。
5)正解③ 忙しいのにわざわざ来てくれてありがとうございます。

5 1) 正解③ 声が震えて間違うところだった。틀릴

2) 正解① 計画どおりすべてのことが進められるといいですね。계획대로

6 1) 正解④ A：話しているのにどうして急に場所を変えようとなさいますか。
B：この席はとてもうるさいので違うところに移すのがいいです。

2) 正解② A：すごいです。難しい問題を正確に当てますね。
B：こっちの分野に特に関心が多いからです。

3) 正解③ A：最近しきりにお客さんが減って頭が重いです。
B：サービスの質ももっと高めなければならないでしょう。

4) 正解① A：この飲食店を勧める理由は何ですか。
B：価格に比べておかずの種類が豊富だからです。

7 1) 正解③ 대책(対策)

2) 正解② 전통(伝統)

3) 正解④ 원인(原因)

8 A：インスさん、試験はどうだったですか。

B：さあ、はあ(ため息)。

A：どうしてため息をつくのですか。思ったより問題が易しく出たようでしたが。

B：最近朝起きられなくて3,4回授業を欠席しましたが、その時の授業内容が問題に出たみたいです。

A：残念ですね。だからさっき少し不安な表情だったのですね。

B：はい、試験で正書法は習ったとおりにうまく解けましたが、やはり欠席した文法の部分はよく分からなかったのですよ。

A：そう考えてみると、ちょうどインスさんが出て来なかった時、文法中心の授業でしたね。

B：予習復習も重要ですが、やはり授業時間に集中して聴くことが重要なようです。

A：あまり心配しないで元気出してください。

問1 正解① 難しくなく感じられました。

問2 正解②

問3 正解④

a) インスさんが欠席した授業は正書法についての授業だった。

b) インスさんは文法部分の試験問題について心配している。

9 案内文

お知らせします。9月7日から二日間A病院からB銀行までの道路を工事します。今回の工事は道路を広くする工事です。工事の期間には道が狭くなるので、人だけ通ることができます。

従って、車が通る道は利用することができないので運転者はご理解くださるようお願いします。車でA病院とB銀行に行かれる際には、右側の道に回って行かれてください。不便をおかけして申し訳ありません。

問1 正解② 工事期間は道が狭いので車は他の道で行かなければならない。

問2 正解④　　　問3 正解③

問4 **正解③** 右側に回って行かなければならない。

10 1)**正解②** お客さんは急に腹を立てながら大声を出した。
   2)**正解④** さらに大変になる前にここで手を引くのがいいです。
   3)**正解④** 服が目立ってすぐに見分けることができました。

11 1)**正解①**　　2)**正解②**　　3)**正解②**

〈第2回〉聞取 解答

1 短い文を2回読みます。（　）の中に当てはまるものを①～④の中から1つ選んでください。
   1)**正解②** それを一度にすべて注文するのかといっています。
   2)**正解④** 汁が熱いです。冷まさなければなりません。
   3)**正解③** この花瓶を触ってはいけません。割れる可能性があるのです。

2 説明文を2回読みます。引き続き①～④の選択肢も2回ずつ読みますので、答えとして適切なものを1つ選んでください。
   1)**正解③** 형제 중에서 가장 나이가 어린 사람을 말합니다.(兄弟の中で一番年下の人をいいます。)
      ①맏이(長子)　　②사촌(いとこ)
      ③막내(末っ子)　④큰딸(長女)
   2)**正解④** 웃고 있는 얼굴 표정을 말합니다.(笑っている顔の表情をいいます。)
      ①울음(泣くこと)　②자세(姿勢)
      ③한잠(熟睡/一眠り)　④미소(微笑み)
   3)**正解①** 하루에 있었던 일을 생각하면서 이것을 씁니다.(一日にあったことを考えながらこれを書きます。)
      ①일기(日記)　　②녹음(録音)
      ③무역(貿易)　　④성격(性格)
   4)**正解④** 당연하다는 의미의 말이다.(当然だという意味の言葉である。)
      ①손을 떼다(手を引く)
      ②둘도 없다(二つとない(大変貴重だ))
      ③귀에 들어오다(耳に入る)
      ④두말할 필요가 없다(言うまでもない)

3 問いかけの文を2回読みます。引き続き4つの選択肢も2回ずつ読みます。応答文として適切なものを①～④の中から1つ選んでください。
   1)**正解②** 음식은 얼마만큼 준비할까요?(食べ物はどれぐらい準備しましょうか。)
      ①손님이 모를 것 같으면 얼른 설명해 드리세요.(お客さんが知らないようでしたらすぐ説明してさしあげてください。)
      ②부족하지 않게 충분히 마련하세요.(不足しないように十分に用意して下さい。)
      ③고추장을 넣고 밥과 비벼서 드세요.(唐辛子味噌を入れてご飯と混ぜて召し上がってください。)
      ④반찬은 좀 성겁지만 찌개는 맛있네요.(おかずは少し(味が)薄いですが鍋料理はおいしいですね。)

2)**正解④** 저 박물관에 가 본 적이 있어요?(あの博物館に行ってみたことがありますか。)
- ①두세 개 사 보니까 좋았어요.(2・3個買ってみるとよかったです。)
- ②이 가게에서 먹어 본 적이 없어요.(この店で食べてみたことがないです。)
- ③방에는 손님이 계셨던 것 같아요.(部屋にはお客さんがいらっしゃったようです。)
- ④한 번도 안 가 봤어요.(一度も行ってみませんでした。)

3)**正解①** 어째서 내가 합격한 것을 알아차렸어요?(どうして私が合格したことを気づきましたか。)
- ①밝은 표정으로 봐서 금방 알 수 있었어요.(明るい表情からみてすぐに知ることができました。)
- ②내일 시험이라서 공부하지 않으면 안 돼요.(明日試験だから勉強しなければならないです。)
- ③정확히 알아보고 말해 주었으면 좋겠어요.(正確に調べて話してくれたらいいです。)
- ④이번 시험에 합격했으면 좋겠어요.(今回の試験に合格すればいいですね。)

4)**正解③** 왜 그렇게 인상을 써요?(どうしてそんなに険しい表情をしていますか。)
- ①어제부터 목이 빠지게 기다리고 있어요.(昨日から首を長くして待っていますよ。)
- ②하루빨리 손을 치료하지 않으면 안 돼요.(一日でも早く手を治療しなければならないです。)
- ③너무 화가 나는 일이 있었거든요.(あまりにも腹が立つことがあったのですよ。)
- ④원래 따라가려고 했거든요.(もともとついていこうとしたのですよ。)

4 短い文を2回読みます。文の一部分の日本語訳として適切なものを①～④の中から1つ選んでください。

1)**正解②** 상품의 질이 [좋을 뿐만 아니라] 가격도 싸요.(商品の質が良いだけでなく価格も安いです。)

2)**正解④** [공연을 맡긴 지] 오 개월이 지났어요.(公演を任せてから5カ月が過ぎました。)

3)**正解②** 저녁은 [사먹을까 해요.] (夕食は外食しようかと思います。)

5 ①～④の選択肢を2回ずつ読みます。下線部の訳として適切なものを1つ選んでください。

1)**正解③** 못 만나서 섭섭하답니다.
- ①못 먹어서 배가 고프답니다.(食べられなくてお腹が空いたみたいです。)
- ②목욕을 해서 시원하답니다.(お風呂に入ってさっぱりしているそうです。)
- ③못 만나서 섭섭하답니다.(会えなくて残念だそうです。)
- ④아직 잘 몰라서 서투르답니다.

(まだよくわからないので下手だそうです。)

2) 正解① 손님의 요리를 준비할 테니까 안심하세요.
- ① 준비할 테니까 안심하세요. (準備するから安心して下さい。)
- ② 준비하기 직전에 안내하세요. (準備する直前に案内してください。)
- ③ 준비해 놓으면 안내하세요. (準備しておいたら案内してください。)
- ④ 준비 안 해도 되니까 안심하세요. (準備しなくてもいいので安心してください。)

3) 正解④ 마늘이 모자랄 리가 없어요.
- ① 마늘이 모자랄지 몰라요. (にんにくが足りないかもしれないです。)
- ② 마늘이 모자란 적이 없어요. (にんにくが足りなかったことがないです。)
- ③ 마늘이 모자랄 것 같아요. (にんにくが足りないようです。)
- ④ 마늘이 모자랄 리가 없어요. (にんにくが足りないはずがないです。)

4) 正解② 경기 전에 선수들에게 주의해야 할 규칙에 대하여 설명하였다.
- ① 주의하는 한편 규칙 설명은 안 하는 것 같았다. (注意する一方、規則の説明はしないようだった。)
- ② 주의해야 할 규칙에 대하여 설명하였다. (注意しなければならない規則について説明した。)
- ③ 주의하라고 규칙을 읽으면서 설명하였다. (注意するようにと規則を読みながら説明した。)
- ④ 주의해서 보니까 규칙에 따른 설명이었다. (注意してみると規則に伴った説明だった。)

6 問題文を2回ずつ読みます。文章の内容に合うものを①～④の中から1つ選んでください。

1) 正解④ 夕方1時間の間二階の商品を安く買えます。

백화점에서 알려 드립니다. 저녁 여섯 시부터 일곱 시까지 이 층의 상품을 특별히 싸게 판매합니다. 이 층에서는 여성용 구두와 가방을 판매하고 있습니다. 많은 분이 오시기를 바랍니다.

(百貨店からお知らせ致します。夕方6時から7時まで2階の商品を特別に安く販売します。2階では女性用の靴とカバンを販売しています。たくさんの方が来られることを願っています。)

2) 正解② 長女は今、中学校3年生です。

작은딸이 지난달에 중학교에 입학했어요. 초등학교는 집에서 가까웠지만 중학교는 꽤 멀기 때문에 작은딸은 아침에 일찍 일어나지 않으면 안 돼요. 큰딸도 같은 중학교에 다녀서 매일 아침 둘이서 같이 학교에 가고 있어요. 큰딸은 내년에 중학교를 졸업하고 고등학교에 입학해요.

(下の娘が先月、中学校に入学しました。小学校は家から近かったですが、中学校はかなり遠いので下の娘は朝早く起きなければなりません。長女も同

じ中学校に通っているので、毎朝二人で一緒に学校に行っています。長女は来年中学校を卒業して高校に入学します。)

〈第3回〉筆記 解答

1 1)正解④ もったいないので処分できなかった。

2)正解① 大変なことになりました。

3)正解② 旅行地に到着した初日の夜から雨が降り続けた。

2 1)正解③ 彼はお腹がいっぱいなので残った料理は食べられないと、首を横に振りながら断った。

2)正解② 直接してみると思ったより大変だということを実際に経験することができた。

3)正解② A：彼は昨日のパーティーで知らない人がいなかったそうです。
B：本当に顔が広いみたいです。

4)正解③ いつまでもこの心は変わらないでしょう。

5)正解② 久しぶりにその人に会うと、彼は感情がこみ上げて何も言えなかった。

3 1)正解④ 気に入ったもの一つ選んでください。

2)正解③ その料理をあまりにも長く外に置くと傷む可能性があります。

3)正解③ 唐辛子味噌と一緒にご飯とナムルを混ぜて召し上がるといいです。

4)正解④ テストでただ1名だけ合格しました。

5)正解② 本当に大変な時期を我慢しながら一生懸命に努力をしましたね。

4 1)正解② 皆さん、天気予報を聞いたら明日から雨がたくさん降るそうです。朝、気をつけて来てください。

2)正解③ A：バス停留所に行きたいですが、道を分かりません。道をちょっと教えてもらえませんか。
B：道が少し複雑なので私が停留所までご案内します。

3)正解② きゅうりキムチを漬けるにはきゅうり、唐辛子粉とにんにく以外にまたどんな材料が必要ですか。

4)正解① A：テレビが故障したみたいです。音が聞こえません。
B：お客さん、それなら一階のサービスカウンターに持って行ってください。

5)正解④ 今日から隣の店の工事を始めます。工事は4日間続きます。少し騒がしくてもご理解ください。

5 1)正解① 遅刻するようであればあらかじめ電話をしてください。
지각할 것

2)正解③ 準備しておいた食べ物が冷める前にすぐ召し上がってください。 식기 전에

6 1)正解② A：このスーツは質がとてもいいです。触ってみてください。
B：薄くてやわらかいですね。

2)正解③ A：さっきは慌ただしくみえましたが。
B：調査するものが多いからです。

3) 正解④ A：会社からまっすぐに来たようですね。
　　　　　 B：いいえ、本屋にしばらく立ち寄ってから来ました。
4) 正解③ A：昔の写真をみるとたくさんのことが思い出すみたいですね。
　　　　　 B：過去の記憶が頭をよぎりますね。

7 1) 正解③ 담임(担任)
　 2) 正解② 여유(余裕)
　 3) 正解③ 주요(主要)

8 　今日新聞で、とあるサッカー選手についての記事を読んだ。現在プロチームで活躍しているカンミンホという選手についての話だった。カン選手は数年前の試合中に相手の選手とぶつかって脚に怪我をした。彼は大きな手術をした。そしてサッカーができないかもしれないという医者の話があって、皆は彼がサッカーをやめるだろうと思った。
　けれども、彼は一年の間一生懸命に治療を受けて、治療後にはいつか再び大会に出られると信じ一人で毎日練習した。遂に、彼は再びチームに帰ってくることができ、今もサッカー選手としてプレーしている。練習と努力が一番重要だといい、今日もグラウンドで汗を流している。

　問1 正解④ サッカーができない可能性がある。
　問2 正解①
　問3 正解②
　a)カンミンホ選手は壁に当たっても希望を捨てなかった。
　b)カンミンホ選手は脚を怪我してサッカーをやめるしかなかった。

9 　私どもの商品を買ってくださって本当にありがとうございます。では私どもの製品の特徴についてお話いたします。
　一番目に、この製品は使用してもとても静かだということです。前のものは音がうるさいという消費者たちの不満があったので会社内で研究分析をしました。そして、遂に静かな洗濯機を開発することができました。
　二番目に、電気を節約できることです。新しい機能を開発し、昔のものよりずっと電気を節約できます。その上、洗濯をする量にしたがって水の量を自動で決めてくれるので水も節約できます。
　三番目に、特にバスタオルのような大きいものも早く乾くということです。前の洗濯機は大きな洗濯物がなかなか乾かないという顧客たちの意見が多かったです。しかし、この洗濯機を使用すると大きな洗濯物をたくさん入れてもすべて乾くでしょう。
　皆様の家事に役立ってほしいです。もしも故障したら、全国にサービス店があるのですぐ連絡ください。

　問1 正解③
　問2 正解① 役立つことを願います。
　問3 正解③ 洗濯物が少なくても水がたくさん使用される。
　問4 正解④ この会社は洗濯機利用者の意見を積極的に取り入れる。

10 1)正解② 隣の人の顔色をうかがわないで自分の考えについて話してみてください。
2)正解③ 彼は環境問題について話を始めた。
3)正解③ その事実を聞いても彼は強く否定して知らないふりをした。

11 1)正解③   2)正解②   3)正解①

〈第3回〉聞取 解答

1 短い文を2回読みます。（　）の中に当てはまるものを①～④の中から1つ選んでください。
1)正解② そう考えてみると互いに似ているようですね。
2)正解④ 夏なのでおかずが傷まないようにするには冷蔵庫に入れておいて下さい。
3)正解② その約束をうっかりするはずがないでしょう。

2 短い文を2回読みます。引き続き①～④の選択肢も2回ずつ読みますので、文の内容に合うものを1つ選んでください。
1)正解② 틀린 글씨가 있을 때 이것을 사용해 고칩니다. (間違った文字がある時これを使って直します。)
  ①화장품(化粧品)
  ②지우개(消しゴム)
  ③주머니(ポケット)
  ④참기름(ゴマ油)
2)正解③ 이곳에는 무대가 있어서 연극을 볼 수 있다. (ここには舞台があるので演劇をみることができる。)
  ①정류장(停留所)
  ②출입구(出入口)
  ③공연장(公演場)
  ④피시방(インターネットカフェ)
3)正解① 부정하거나 거절한다는 의미로 사용됩니다. (否定したり、断るという意味で使われます。)
  ①머리를 흔들다(否定する)
  ②얼굴을 내밀다(顔を出す)
  ③무릎을 치다(感心する)
  ④머리를 맞대다(顔を突き合わす)
4)正解④ 다른 사람은 모르고 자신만 알고 있는 것을 말합니다. (他の人は知らず自分だけ知っていることをいいます。)
  ①유행(流行)　②규칙(規則)
  ③질서(秩序)　④비밀(秘密)

3 問いかけの文を2回読みます。引き続き4つの選択肢も2回ずつ読みます。応答文として適切なものを①～④の中から1つ選んでください。
1)正解③ 지금 보는 드라마는 어때요? (今見ているドラマはどうですか。)
  ①상당히 답답했겠네요.(かなりもどかしかったでしょうね。)
  ②아뇨, 무대에서 연기하려면 더욱 연습해야 돼요. (いいえ、舞台で演技するにはもっと練習しなければなりません。)
  ③보면 볼수록 재미가 나네요. (みればみるほど面白さが出ますね。)
  ④드라마에 나오는 주인공 대화에 집중하세요. (ドラマに出てくる主

人公の対話に集中してください。)

2)**正解②** 내가 부탁한 준비물은 모두 챙겼답니까? (私が頼んだ準備物はすべて取りそろえたと言っていましたか。)

① 커다란 준비물에 칠해 주세요. (大きい準備物に塗ってください。)
② 하나를 깜빡하고 안 가져 왔대요. (一つをうっかりして持って来なかったそうです。)
③ 물이나 주스 등 마실 것을 사는 것이 좋아요. (水やジュースなどの飲み物を買うのがよいです。)
④ 어쩌면 놀란 것 같아서 걱정이에요. (ひょっとすると驚いたようで心配です。)

3)**正解①** 제가 뭐 도울 일은 없을까요? (私が何か手伝うことはないでしょうか。)

① 손님이니까 여기에 가만히 앉아 계세요. (お客様なのでここにじっと座っていらっしゃってください。)
② 사무실에 들른 일이 없어요. (事務室に立ち寄ったことがないです。)
③ 지난달부터 돕기 시작했어요. (先月から手伝いはじめました。)
④ 우리 모임의 날짜를 미룰 리가 없는데요. (私たちの集まりの日取りを延ばすはずがないのですが。)

4)**正解④** 이번 대회는 특히 감독님께 기대를 걸었대요. (今大会は特に監督が期待をかけたそうです。)

① 드디어 머리를 잘랐네요. (遂に髪を切ったのですね。)
② 감독님이 이리로 오시게 되었어요. (監督がこちらに来られることになりました。)
③ 경기장 위치를 알아보고 싶어요. (競技場の位置を調べたいです。)
④ 그래서 좀 부담스럽지만 열심히 하겠어요. (それで少し負担ですが一生懸命にします。)

4 短い文を2回読みます。文の一部分の日本語訳として適切なものを①〜④の中から1つ選んでください。

1)**正解②** 기가 막혀서 [말도 안 나오네요.] (あきれて言葉も出ないですね。)

2)**正解②** [밤이나 낮이나] 글을 쓴대요. (いつも文を書くそうです。)

3)**正解③** [한잠 자고 일어났더니] 좋아졌어요. (一眠りして起きたらよくなりました。)

5 ①〜④の選択肢を2回ずつ読みます。下線部の訳として適切なものを1つ選んでください。

1)**正解④** 이 시간엔 길이 막힐지도 몰라요.

① 길이 막힌 적이 없어요. (道が混んだことがないです。)
② 길을 막을 줄 몰라요. (道を塞ぐことができません。)
③ 길이 막힐 리가 없어요. (道が混むはずがないです。)
④ 길이 막힐지도 몰라요. (道が混むかもしれません。)

2)**正解②** 나이는 숫자에 지나지 않는다고 해요.

┌①지나갈 수 있다고 해요.(過ぎることができるといいます。)
　　├②지나지 않는다고 해요.(過ぎないといいます。)
　　├③지나는 것이 좋다고 해요.(過ぎるのがよいといいます。)
　　└④지나는 것 같다고 해요.(過ぎるようだといいます。)

3) **正解③** 고춧가루가 부족해서 김치를 못 담글 뻔했어요.
　　┌①김치를 못 담글 뿐이에요.(キムチを漬けられないだけです。)
　　├②김치를 담글까 말까 해요.(キムチを漬けようか漬けまいかと考えています。)
　　├③김치를 못 담글 뻔했어요.(キムチを漬けられないところでした。)
　　└④김치를 못 담그는 척했어요.(キムチを漬けられないふりをしました。)

4) **正解①** 음식이 식을까 봐 손님이 오시기 직전에 만들었어요.
　　┌①음식이 식을까 봐 (食べ物が冷めるかと思って)
　　├②음식을 식히고 생각하니 (食べ物を冷まして考えると)
　　├③음식이 식는 동안에 (食べ物が冷める間に)
　　└④음식을 식히고 보면 (食べ物を冷ましてみると)

6　問題文を2回ずつ読みます。文章の内容に合うものを①〜④の中から1つ選んでください。

1) **正解③** 新しい製品は6カ月後に販売される。

　요즘 업무가 많아서 피곤하다. 육 개월 후에 나오는 신제품의 텔레비전 광고를 준비해야 하기에 바쁘다. 짧은 시간에 소비자한테 인상을 강하게 남겨야 하는 텔레비전 광고 준비는 힘든 작업이다.

　(最近業務が多くて疲れている。6カ月後に出る新製品のテレビ広告を準備しなければならないので忙しい。短い時間で消費者に印象を強く残さなければならないテレビ広告の準備は大変な作業である。)

2) **正解②** 昨日キョンアは自分の悩みを電話で話した。

　어제 밤에 늦게까지 친구 경아와 통화를 했다. 경아는 일 때문에 고민이 많은 것 같았다. 전화를 끊기 전에 경아는 고맙다고 했다. 나는 단지 조용히 이야기를 들었을 뿐이었는데 경아는 마음이 가벼워졌다고 했다.

　(昨日夜遅くまで友達のキョンアと(電話で)通話をした。キョンアは仕事についての悩みが多いようだった。電話を切る前にキョンアはありがとうと言った。私はただ静かに話を聞いただけだったのに、キョンアは心が軽くなったと言った。)

著者

金 惠鎭

韓国ソウル生まれ
文学博士（北海道大学）
日本大学教授

スピード！ハングル検定
3級合格

2011年 11月　1日　初版発行
2025年　9月 30日　4刷発行

著　者　金 惠鎭
発行者　佐藤和幸
発行所　白 帝 社
　　　　〒171-0014 東京都豊島区池袋 2-65-1
　　　　TEL 03-3986-3271 FAX 03-3986-3272
　　　　E-mail info@hakuteisha.co.jp
　　　　https://www.hakuteisha.co.jp/
組　版　世正企画
印　刷　平文社

ISBN 978-4-86398-002-0

＊定価は表紙に表示してあります。
＊本書は著作権法で保護されています。
　無断で複製（写真撮影、コピー、スキャンを含む）することは禁止されています。